Sé amigo de ti mismo

Colección «PROYECTO»

36

José-Vicente Bonet

SÉ AMIGO DE TI MISMO

Manual de Autoestima

(20.ª edición)

Editorial SAL TERRAE
Santander

© Editorial Sal Terrae, 2020
Grupo de Comunicación Loyola
Polígono de Raos, Parcela 14-I
39600 Maliaño (Cantabria) – España
Tfno.: +34 944 470 358
info@gcloyola.com
gcloyola.com

Con las debidas licencias
Impreso en España. Printed in Spain
ISBN: 978-84-293-1133-4
Dep. Legal: BI-3322-2011

Impresión y encuadernación:
Grafo, S.A. – Basauri (Vizcaya)
www.grafo.es

*Dedicado a la memoria de
Tony de Mello
y al Instituto «Sádhana»,
fundado por él.*

«¿Qué he de hacer para amar a mi prójimo?»,
preguntó el discípulo al Maestro.

«Deja de odiarte a ti mismo»,
respondió éste.

El discípulo meditó larga y seriamente
estas palabras y regresó a decirle al Maestro:
«Pero si yo me amo demasiado a mí mismo...
Si soy un egoísta y un egocéntrico...
¿Cómo puedo librarme de mi egoísmo?»

«*Sé amigo de ti mismo*, y tu yo quedará satisfecho
y te dejará en libertad para amar a tu prójimo».

ANTHONY DE MELLO
en *¿Quién puede hacer que amanezca?*

«Sería incapaz de vivir sin amor...
a mí misma y a los demás»

GIULIETTA MASINA

Índice

Prólogo

La génesis de este libro-manual comenzó hace ya varios años en el «Instituto Sadhana» (Lonavla, India), fundado y dirigido hasta su temprana muerte por Anthony de Mello, amigo y mentor que fue para tantos de nosotros y a quien están dedicadas estas páginas. Allí, en un proceso de exploración personal y «reciclaje» profesional, caí en la cuenta de la importancia de la autoestima para el desarrollo integral y el bienestar emocional de la persona.

Desde entonces he impartido muchos «cursillos de autoestima», tanto en la India como en España, y en diálogo con los cursillistas he profundizado y matizado el tema y me he reafirmado en su importancia capital. A todos esos participantes, pertenecientes a tantas y diversas razas, etnias y sistemas de creencias, les estoy sumamente agradecido, pues con sus preguntas, sus interpelaciones, sus dudas, sus objeciones, sus ejercicios, sus esfuerzos, sus consultas, sus casos y sus palabras de aliento han contribuido sustancialmente a la elaboración de este libro, que plasma por escrito lo que he tratado de compartir de palabra en dichos cursillos.

Pero mi deuda de gratitud se extiende de manera especial a unas cuantas personas, generosos amigos, compañeros y colegas, que me han apoyado y ayudado sin reservas en este empeño:

— a *Javier García Forcada*, que tanto me ha alentado a trabajar en este campo desde mi regreso a España en 1988;

— a *Pilar Aparicio*, psicóloga excelente y entrañable amiga, de quien he utilizado tantas notas, ideas y acertadas formulaciones;

— a *Domingo del Río*, que ha leído cuidadosamente buena parte del original y me ha ofrecido valiosas sugerencias;

— a *Ernestina Coello*, que me ha brindado tantas oportunidades para probar mis métodos y también ha leído seis capítulos del original;

— a *José Antonio García-Monge*, de quien he aprendido mucho, especialmente sobre la culpabilidad en relación con la autoestima;

— y, por fin, al *Centro Arrupe* de Valencia, a su equipo y, en especial, a su director, *Xavier Quinzá*, que me han dado toda clase de facilidades para que el proyecto se convirtiese en realidad.

El *objetivo* de este manual es ayudar al lector a *aclarar* la noción de la auténtica autoestima, a *explorar* su nivel personal de dicha autoestima y a *iniciarle* en una serie de pautas y estrategias para que pueda mejorarla, si así lo desea.

Las presentaciones y ejercicios están predominantemente inspirados en la escuela cognitivo-conductual de Albert Ellis y Aaron T. Beck, que me gusta resumir en la siguiente frase: PIENSA BIEN Y TE SENTIRÁS MEJOR *(hacia el equilibrio emocional mediante la reflexión, la visualización y la acción)*. Un método de probada eficacia, bastante popular en nuestro país y que, manejado con pericia, puede servir de gran ayuda a «neuróticos normales», es decir, a personas normales con «neuras» normales, como lo es el mismo autor (que, por cierto, ha probado en sí mismo las ideas y ejercicios que recomienda) y como supone que lo son la mayoría de sus lectores. A ellos van cordialmente dirigidas las páginas que siguen a continuación.

*
**

*«No podemos evitar que los pájaros
de la tristeza sobrevuelen nuestras cabezas,
pero sí podemos impedir
que aniden en nuestros cabellos»*
(Proverbio chino)

1
¿Qué es eso de la autoestima?

*«Es imposible la salud psicológica,
a no ser que lo esencial de la persona
sea fundamentalmente aceptado, amado
y respetado por otros y por ella misma»*
(A. Maslow)

«Eso de la autoestima es para mí un descubrimiento, ya que mi educación fue negativa en este aspecto»: así escribía en 1989 una educadora de 36 años después de escuchar una charla sobre «Educación y Autoestima». He oído parecidos comentarios de otras personas de la misma generación y, sobre todo, de generaciones anteriores. Hace muy poco, me preguntaba un profesional culto e inteligente: «Eso de la autoestima ¿no es contrario a la humildad que tanto se nos predicaba?».

Con todo, en la España de este fin de siglo se advierte un creciente interés por la autoestima, a juzgar por el número de libros publicados (a partir de los años ochenta) y de cursos ofertados, especialmente en el campo de la psicopedagogía, como puede constatar el lector en la *Bibliografía* al final del libro.

Tratado con frecuencia en «talleres» de desarrollo personal y de formación empresarial, el tema interesa a una gran variedad de públicos de ambos sexos y a un amplio abanico de posturas ideológicas. Se trata de un asunto que, a la vez que suscita interés, como si fuera una «asignatura pendiente» de nuestra cultura, provoca también cierto recelo, pues a menudo se confunde la autoestima con una desmedida opinión de sí y una actitud agresiva de egoísmo insolidario. Lo cual no es cierto, como quedará claro a medida que avancemos en la exposición del tema.

«El fantasma del egoísmo ha ahuyentado frecuentemente el sano amor a sí mismo»
(J.A. García-Monge)

*
**

La autoestima, como vivencia psíquica, es tan antigua como el ser humano. Pero la historia de la AUTOESTIMA (o autoconcepto) como constructo psicológico se remonta a William James, en las postrimerías del siglo XIX. En su obra *Los Principios de la Psicología*, James estudia el desdoblamiento de nuestro Yo-global en un Yo-conocedor y un Yo-conocido. De este desdoblamiento, del cual todos somos conscientes en mayor o menor grado, nace la autoestima.

Cuenta Tony de Mello la historia de un monje del desierto egipcio al que las tentaciones atormentaban de tal modo que decidió abandonar el cenobio. Cuando estaba calzándose las sandalias para irse, vio cerca de él a otro monje que también se estaba poniendo las sandalias. «¿Quién eres tú?», le preguntó al desconocido. «Soy tu yo», fue la respuesta. «Si es por mi causa por la que vas a abandonar este lugar, debo hacerte saber que, vayas adonde vayas, yo iré contigo».

La preponderancia de la psicología conductista hizo que durante bastante tiempo se descuidase el estudio sistemático de la autoestima, pues se la consideraba una hipótesis poco susceptible de medición rigurosa, hasta que a mediados de nuestro siglo, con el advenimiento de la psicología fenomenológica y de la psicoterapia humanista, la autoestima adquiere un papel central en la autorrealización de la persona y en el tratamiento de sus trastornos psíquicos (R.B. Burns, pp. 6ss).

En este contexto destaca la contribución de Carl Rogers —«el tercer teórico, después de Freud y Skinner, que más ha influido en la psicología contemporánea»—, cuya psicoterapia gira en torno a la autoestima. Para Rogers, la raíz de los problemas de muchas personas es que se desprecian y se consideran seres sin valor e indignos de ser amados; de ahí la importancia que le concede a la aceptación incondicional del cliente.

De las diversas definiciones que se han propuesto de la autoestima, escogemos la de Burns, que nos parece suficientemente clara, específica y constatable: *el conjunto de las actitudes del individuo hacia sí mismo.*

Se entiende por «actitud» una pauta más o menos estable y coherente de percepción, pensamiento, evaluación, sentimiento y acción, dirigida hacia un objeto, una persona, un ideal... Hablamos, significativamente, de nuestra actitud hacia el dinero, hacia el poder, hacia nuestros padres, etc., y también, como seres reflexivos que somos, hacia nosotros mismos.

En una de las secuencias de la película *El jinete pálido* se ve cómo una mujer trata con recelo al protagonista porque le parece un pistolero en cuya presencia se siente incómoda y a quien, por tanto, rechaza; en la siguiente secuencia se da cuenta de que en realidad es un predicador, y su actitud cambia: empieza a sentir confianza hacia él, y se produce un acercamiento entre ambos. Es un ejemplo de cómo nuestra percepción y evaluación de otra persona conforma nuestra actitud hacia ella. Lo mismo ocurre con relación a uno mismo.

El ser humano *se percibe* a nivel sensorial; *piensa* sobre sí mismo y sobre sus comportamientos; *se evalúa y los evalúa; siente,* en consecuencia, emociones relacionadas consigo mismo; todo lo cual evoca en él tendencias conductuales coherentes con sus percepciones, pensamientos, evaluaciones y sentimientos. Puede ocurrir, por ejemplo, que uno se vea dotado, como Cyrano de Bergerac, de una nariz descomunal, y piense de sí mismo que es feo y poco atractivo; lo cual puede provocarle un sentimiento de vergüenza y una tendencia a evitar la compañía de otras personas. Esta actitud formaría parte —negativa, en este caso— de su autoestima.

Así pues, estos conjuntos de percepciones, pensamientos, evaluaciones, sentimientos y tendencias conductuales dirigidas hacia nosotros mismos, hacia nuestra manera de ser y de comportarnos, hacia los rasgos de nuestro cuerpo y de nuestro carácter, configuran las actitudes que, globalmente, llamamos AUTOESTIMA. La autoestima, en suma, es *la percepción evaluativa de uno mismo*.

La importancia de la autoestima estriba en que concierne a nuestro ser, a nuestra manera de ser y al sentido de nuestra valía personal. Por lo tanto, no puede menos de afectar a nuestra manera de estar y actuar en el mundo y de relacionarnos con los demás. Nada en nuestra manera de pensar, de sentir, de decidir y de actuar escapa al influjo de nuestra autoestima. «La conducta del individuo es el resultado de la interpretación peculiar de su medio, cuyo foco es el sí mismo» (R.B. Burns, p. 50).

Nadie puede dejar de pensar en sí mismo y de evaluarse. *Todos,* pues, desarrollamos una autoestima suficiente o deficiente, positiva o negativa, alta o baja..., aunque no nos demos cuenta. Importa, por tanto, desarrollarla de la manera más realista y positiva posible y que nos permita descubrir nuestros recursos personales, para apreciarlos y utilizarlos debidamente, así como nuestras deficiencias, para aceptarlas y superarlas en la medida de nuestras posibilidades.

Si no nos valoramos en lo que realmente valemos, si no reconocemos y apreciamos las cualidades y talentos que realmente poseemos, si no aceptamos con serenidad nuestras limitaciones, seremos presa fácil de la inseguridad y la desconfianza en nosotros mismos; nos será más difícil afrontar y superar los problemas de nuestra vida cotidiana; nos resultará casi imposible emprender proyectos arriesgados, pero accesibles a nuestras posibilidades. Por otro lado, podríamos fácilmente caer en la tentación de intentar empresas que, por exceder nuestra capacidad, estarían condenadas al fracaso.

De ahí la importancia de un autoconocimiento sensata y sanamente autocrítico, como base imprescindible para conocer y reconocer tanto lo positivo como lo negativo de los rasgos de nuestro carácter y de nuestras conductas; base desde la que nos será posible modificar actitudes irreales, prejuicios... y fortalecer la evaluación realista de nuestros recursos, posibilidades, limitaciones, errores...

La importancia de la *auto-estima* se aprecia mejor cuando cae uno en la cuenta de que lo opuesto a ella no es la *hétero-estima,* o estima de los otros, sino la *desestima propia,* rasgo característico de ese estado de suma infelicidad que llamamos «depresión». Las personas que realmente se desestiman, se menosprecian, se malquieren..., no suelen ser felices, pues no puede uno desentenderse u olvidarse de sí mismo. La persona que no está a gusto consigo misma, no está a gusto, y punto. Por otra parte, una autoestima suficiente suele ser uno de los componentes de la persona feliz.

> *«Conozco una sola definición de la felicidad:*
> *Ser un buen amigo de sí mismo»*
> (P. Solignac)

*
**

La autoestima, importante en todos los estadios de la vida, lo es de manera especial en los estadios formativos de la infancia y de la adolescencia, en el hogar y en el aula, así como en el estadio degenerativo de la vejez. La psicopedagogía adjudica a la autoestima un papel fundamental en el crecimiento del niño como persona y como discente.

Pero hay algo profundo y nuclear, que va más allá del aprecio de lo positivo y la aceptación de lo negativo, que subyace y fundamenta todo lo demás, y sin lo cual nuestra autoestima fácilmente se desmoronaría. Se trata de la aceptación visceral del siguiente principio, reconocido por todos los psicoterapeutas humanistas:

Todo ser humano, sin excepción (incluido yo mismo), por el mero hecho de serlo, es digno del respeto incondicional de los demás y de sí mismo; merece que se le estime y que se estime.

Este «axioma» no admite excepción alguna. Por horrorosos y reprobables que sean los crímenes perpetrados por un ser humano (pensemos en los «carniceros» de Milwaukee y de Rostov, por poner ejemplos relativamente recientes), nunca deja de ser un ser humano, y siempre tiene derecho a que se le trate humanamente. Lo cual no quiere decir que la sociedad no deba tomar medidas apropiadas para defenderse de sus agresiones.

De este «axioma» se desprende que a cualquier ser humano, por muchas carencias o disminuciones que padezca, le conviene aprender a estimarse positivamente, pues podemos decir, jugando con una conocida frase de Antonio Machado, que, por poco que valga, un hombre nunca pierde su valor más grande, que es el valor de *ser* hombre.

En el principio de que todo ser humano sin excepción merece nuestra estima, encontramos el criterio para distinguir la autoestima auténtica de la espúrea. La pretendida autoestima de aquel que, orgulloso de su presunta superioridad moral, racial, étnica, social o cultural, menosprecia a otra persona, no la consideramos auténtica, sino espúrea. Para nosotros, la autoestima auténtica acaba donde empiezan la desestima y la indiferencia hacia el otro.

Este «axioma» constituye el núcleo de una constelación de valores éticos que se presuponen en todo lo que decimos en este libro. Estamos de acuerdo con Kant cuando escribe (según nos informa Adela Cortina) que los seres humanos, las personas, «son seres absolutamente valiosos», es decir —en palabras de la misma autora—, «seres valiosos en sí mismos, y no valiosos porque sirvan para otra cosa; ...su valor no procede de que vengan a satisfacer necesidades o deseos, como ocurre con los instrumentos o las mercancías, sino que su valor reside en ellos mismos. Y precisamente por eso, porque hay seres en sí valiosos, existe la obligación moral de respetarlos». En frase lapidaria de Erich Fromm: *El hombre no es una cosa.*

> «*Por mucho que valga un hombre, no tiene valor más grande que el valor de ser hombre*»
> (A. Machado)

REFERENCIAS BIBLIOGRÁFICAS

BONET, J.V., «Autoestima, Narcisismo y Solidaridad»: *Razón y Fe,* Marzo 1993.
BURNS, R.B., *El Autoconcepto,* EGA, Bilbao 1990.
CORTINA, A., «¿Existen valores morales absolutos?»: *Iglesia Viva* 171 (1994) 235ss.

2
Las «Aes» de la autoestima

«La autoestima positiva es el requisito
fundamental para una vida plena»
(N. Branden)

El lector podrá darse cuenta de que ya tiene una idea más o menos clara de lo que significa concretamente la autoestima si completa varias veces por escrito, de una manera rápida y espontánea, la siguiente frase incompleta: *Para mí la autoestima significa...*

La persona que se autoestima suficientemente posee, en mayor o menor grado, las siguientes características (*las «Aes» de la autoestima*): Aprecio, Aceptación, Afecto, Atención, Autoconsciencia, Apertura y —en una palabra que incluye todas las antedichas— Afirmación. A continuación las explicamos una por una:

1. *Aprecio* genuino de uno mismo como persona, independientemente de lo que pueda hacer o poseer, de tal manera que se considera igual —aunque diferente— a cualquier otra persona. Un aprecio que incluye todo lo positivo que pueda haber en uno mismo: talentos, habilidades, cualidades corporales, mentales, espirituales... Le encantan sus cualidades manifiestas y sabe que es capaz de desa-

otras todavía latentes, si se lo propone seriamen-
fruta de sus logros sin jactancia ni fanfarronería,
)r cierto, suelen ser indicio de sentimientos de in-
ferioridad.

*«¡Todos tenemos dentro de nosotros mismos
una Buena Nueva! La Buena Nueva es que
no sabemos realmente lo grandes que podemos ser,
lo mucho que podemos amar,
lo mucho que podemos lograr
y la magnitud de nuestro potencial.
No se puede mejorar una Buena Nueva como ésta»*
(Anne Frank)

*
**

2. *Aceptación* tolerante y esperanzada de sus limitaciones, debilidades, errores y fracasos. Se reconoce un *ser humano falible*, como todos los demás, y no le extraña ni acongoja demasiado el hecho de fallar con mayor o menor frecuencia. Reconoce serenamente los aspectos desagradables de su personalidad. Se responsabiliza de todos sus actos, sin sentirse excesivamente culpable por los desacertados. Sabe por experiencia que «el horror al error es un error peor». No le asustan sus defectos, y prefiere triunfar, pero no se hunde cuando pierde.

*«Aspira a hacer las cosas bien, no a la perfección.
Nunca renuncies al derecho que tienes a equivocarte,
porque, si no, perderás la capacidad
de aprender cosas nuevas y de avanzar en tu vida.
Recuerda que el miedo siempre se oculta
bajo las ansias de perfección. Encarar tus miedos
y permitirte a ti mismo el derecho a ser humano
puede, paradójicamente,
hacerte una persona muchísimo más fecunda y feliz»*
(D. Burns)

*
**

3. *Afecto*: una actitud positivamente amistosa, comprensiva y cariñosa hacia sí misma, de tal suerte que la persona se sienta en paz, no en guerra, con sus pensamientos y sentimientos (aunque no le agraden), con su imaginación y con su cuerpo (con todas sus arrugas y verrugas). Y, así, sabe disfrutar de la soledad sin desdeñar la compañía. «Se encuentra bien consigo misma dentro de su propia piel» (L. Racionero).

> *«Deberíamos aprender a mirarnos a nosotros mismos*
> *con la misma ternura con que nos miraríamos*
> *si fuéramos nuestro propio padre»*
> (J.L. Martín Descalzo)

*
* *

4. *Atención* y cuidado fraternal de sus necesidades reales, tanto físicas como psíquicas, intelectuales como espirituales (no hablamos de las «necesidades innecesarias» creadas artificialmente por una publicidad agresiva y engañosa). La persona que se autoestima prefiere la vida a la muerte, el placer al dolor, el gozo al sufrimiento. No busca el sufrimiento por el sufrimiento; protege su integridad física y psíquica; no se expone a peligros innecesarios... Pero también es capaz de aceptar el sufrimiento y la misma muerte por una persona o una causa con la que se sienta profundamente identificada. Por eso, una madre que se autoestime dona gustosamente uno de sus riñones para que se lo implanten a un hijo que lo necesita.

Estas cuatro características, estas primeras cuatro «Aes» de la autoestima, presuponen un buen nivel de autoconocimiento y, en especial, de *autoconsciencia*, es decir, de vivir dándose cuenta del propio mundo interior, escuchándose a sí mismo amistosamente, prestando atención a todas las voces interiores... Ya nos advirtió Sócrates que no vale la pena vivir inconscientemente.

En una palabra, cuando hablamos de autoestima, hablamos de *Afirmación* de ese ser humano falible, irrepetible, valiosísimo, que merece todo nuestro respeto y consideración, a saber, de UNO MISMO. Por supuesto que uno-mismo-en-relación-con-los-demás, porque, de lo contrario, no sería uno mismo. No se trata de narcisismo, ya que la persona que verdaderamente se autoestima en su totalidad individual y social vive *Abierta* y atenta al otro, reconociendo su existencia y afirmándolo. Sabe que no puede existir afirmación propia duradera sin solidaridad. Acepta el hecho evidente de la interdependencia humana y se da cuenta de que ni puede ni le interesa vivir aislada e independiente de los demás.

> *«Así como las manzanas maduran con el sol,*
> *así también los hombres maduramos en presencia*
> *de otra persona, en colaboración con ella»*
> (G. Torrente Ballester)

*
* *

Al llegar a este punto, invitamos al lector a realizar el siguiente ejercicio, inspirado en J. Powell: siéntese cómodamente, cierre los ojos, respire pausadamente y, una vez serenado, imagínese, con toda la viveza de que sea capaz, una silla vacía, su forma, su textura, su color... y «vea» con los ojos de la imaginación cómo entra en su campo de visión una persona que le quiere bien y se sienta en dicha silla. Contemple detenidamente su rostro, su figura, su postura... ¿Qué siente al contemplarla? Sin duda, será un sentimiento gratificante. Al cabo de un rato, esa persona se levanta y desaparece. Y entonces aparece otra persona, que es el mismo lector, su réplica. El lector contempla su propio rostro, su figura, su postura... con la mayor viveza posible. ¿Qué siente en presencia de su propia imagen? ¿Es un sentimiento positivo, negativo, indiferente, ambivalente...? Tome nota de sus sentimientos con respecto a sí mismo.

Después de una pausa, o en otra ocasión propicia, le recomendamos que, volviendo a visualizar su propia imagen sentada en la silla vacía, se haga las siguientes preguntas y las responda con toda sinceridad, a ser posible por escrito:

* ¿Me aprecio, me respeto, me acepto tal como soy?
* ¿Estoy habitualmente satisfecho o insatisfecho de mí mismo?
* ¿Reconozco mis cualidades y mis logros o, por el contrario, los desestimo?
* ¿Me valoro en lo que realmente valgo o, por el contrario, me infravaloro?
* ¿Asumo serenamente mis errores, limitaciones y fracasos?
* ¿Me perdono?
* ¿Me comporto de una manera autónoma y solidaria a la vez?
* ¿Soy capaz de defender mis derechos sin intentar violar los ajenos?
* ¿Me cuido suficientemente?

Una respuesta objetiva y sincera a estas preguntas le ayudará a conocer más a fondo el estado de su autoestima, es decir, de la percepción evaluativa de sí mismo y del conjunto de conductas y rasgos corporales, mentales y espirituales que le configuran.

Finalmente, teniendo en cuenta que la autoestima es una actitud que se aprende, que fluctúa y que se puede mejorar, ofrecemos a continuación una lista de *indicios positivos* que apuntan a una autoestima suficiente, y otra lista de *indicios negativos* que apuntan a una autoestima deficiente. Una reflexión serena y razonada sobre la incidencia de estos indicios en una persona normal con problemas normales le ayudará a darse cuenta de que, en ciertos aspectos positivos, posee ya un nivel más o menos

TÚ NO ERES UNA ISLA...

LOS DEMÁS TE NECESITAN

elevado de autoestima, mientras que descubrirá ciertos aspectos negativos en los que le convendría trabajar para mejorarla.

Indicios Positivos (Adaptados de D.E. Hamachek, *Encounters with the Self*, Rinehart, New York 1971). La persona que se autoestima suficientemente...

1. Cree firmemente en ciertos valores y principios, está dispuesta a defenderlos, aun cuando encuentre oposición, y se siente lo suficientemente segura de sí misma como para modificarlos si nuevas experiencias indican que estaba equivocada.

2. Es capaz de obrar según crea más acertado, confiando en su propio juicio, sin sentirse culpable cuando a otros no les parezca bien lo que haga.

3. No pierde tiempo preocupándose en exceso por lo que le haya ocurrido en el pasado ni por lo que pueda ocurrirle en el futuro. Aprende del pasado y proyecta para el futuro, pero vive intensamente el presente, el aquí y ahora.

4. Tiene una confianza básica en su capacidad para resolver sus propios problemas, sin dejarse acobardar fácilmente por fracasos y dificultades. Y está dispuesta a pedir ayuda de otros cuando realmente la necesita.

5. Como persona, se considera y se siente igual que cualquier otra persona; ni inferior ni superior; sencillamente, igual en dignidad; y reconoce diferencias en talentos específicos, prestigio profesional o posición económica.

6. Da por supuesto que es interesante y valiosa para otros, al menos para aquellos con quienes se asocia amistosamente.

7. No se deja manipular por los demás, aunque está dispuesta a colaborar con ellos si le parece apropiado y conveniente.

8. Reconoce y acepta en sí misma una variedad de sentimientos y pulsiones, tanto positivos como negativos, y está dispuesta a revelárselos a otra persona, si le parece que vale la pena y así lo desea.

9. Es capaz de disfrutar con las más diversas actividades, como trabajar, leer, jugar, charlar, caminar, holgazanear, etc.

10. Es sensible a los sentimientos y necesidades de los demás; respeta las normas sensatas de convivencia generalmente aceptadas, y entiende que no tiene derecho —ni lo desea— a medrar o divertirse a costa de otros.

Indicios Negativos (Adaptados de J. Gill, «Indispensable Self-Esteem», en *Human Development*, vol. 1, 1980). La persona cuya autoestima es deficiente suele manifestar algunos de los siguientes síntomas:

1. *Autocrítica rigorista*, tendente a crear un estado habitual de insatisfacción consigo misma.

2. *Hipersensibilidad a la crítica*, que le hace sentirse fácilmente atacada y a experimentar resentimientos pertinaces contra sus críticos.

3. *Indecisión crónica*, no tanto por falta de información, sino por miedo exagerado a equivocarse.

4. *Deseo excesivo de complacer*: no se atreve a decir «no», por temor a desagradar y perder la benevolencia del peticionario.

5. *Perfeccionismo*, o autoexigencia de hacer «perfectamente», sin un fallo, casi todo cuanto intenta; lo cual puede llevarle a sentirse muy mal cuando las cosas no salen con la perfección exigida.

6. *Culpabilidad neurótica*: se condena por conductas que no siempre son objetivamente malas, exagera la magnitud de sus errores y delitos y/o los lamenta indefinidamente, sin llegar a perdonarse por completo.

7. *Hostilidad flotante*, irritabilidad a flor de piel, que le hace estallar fácilmente por cosas de poca monta.

8. *Actitud supercrítica*: casi todo le sienta mal, le disgusta, le decepciona, le deja insatisfecho.

9. *Tendencias depresivas*: tiende a verlo todo negro: su vida, su futuro y, sobre todo, su sí mismo; y es proclive a sentir una inapetencia generalizada del gozo de vivir y aun de la vida misma.

Recomendamos al lector que se haya visto reflejado —parcialmente al menos— en algunos de los indicios positivos, que se felicite y los refuerce obrando repetidamente en consecuencia. Y si se ha visto reflejado parcialmente en algunos de los indicios negativos, le aconsejamos que, lejos de dejarse desalentar, se proponga modificarlos uno a uno y poco a poco, con mucha paciencia y comprensión consigo mismo. En los capítulos siguientes presentamos un esquema y varios ejercicios para robustecer la autoestima.

Para completar este capítulo, proponemos un sencillo ejercicio. Inspirándose en los datos y las pistas dadas y, sobre todo, en su propia experiencia personal, escriba el lector un *Perfil de la Persona que se Autoestima Positivamente*. Para comenzar, ofrecemos unos cuantos rasgos que el lector puede aceptar o rechazar, y luego completar con sus propias aportaciones:

* Habla serena y sinceramente de sus logros y fracasos, como quien mantiene una relación amistosa con su propia realidad.
* Se siente cómodo al dar y recibir expresiones de aprecio y afecto.
* Camina con la cabeza bien alta, pero sin menospreciar a nadie.
* Evita rodearse de «satélites» proclives a repetir «la voz de su amo».
* A la hora de llamar la atención a otra persona por sus debilidades, lo hace con sensibilidad y tacto.
* ... ...

*
* *

«Lo que vale la pena hacerse
vale la pena hacerlo imperfectamente»
(G.K. Chesterton)

*
* *

REFERENCIAS BIBLIOGRÁFICAS

BONET, J.V., «Autoestima y Educación», en (CONED, SJ) *Personalidad y Humanismo* Madrid 1990, pp. 55- 78.
ID., «Sé amigo de ti mismo»: *Sal Terrae* 78/4 (abril 1990) 311-323.

3
Aprende a valorarte

«La Autoestima no se da, se adquiere»
(N. Branden)

*
**

A todos sin excepción —hombres, mujeres, niños, jóvenes, adultos, ancianos, etc.— nos conviene sabernos y sentirnos afirmados, es decir, reconocidos, apreciados, aceptados, queridos, cuidados... Cuanto más afirmados nos sintamos, mayor será nuestra autoestima y más facilitaremos nuestro propio bienestar emocional y eficacia, así como el bienestar y la eficacia de los que nos rodean.

Es importante, pues, aprender a desarrollar la autoestima. Proponemos un sencillo esquema en tres tiempos, que luego completaremos con ejercicios concretos: *Afirmación recibida, Afirmación propia* y *Afirmación compartida.*

1. Afirmación recibida

De niños nos vemos reflejados en nuestros padres y otras figuras significativas como en un espejo, y aprendemos a valorarnos al sentirnos valorados por ellos. Esta afirmación recibida es una necesidad perentoria e insustituible para el niño. Pero también es sumamente importante para el joven,

bituarse a recibir y deleitarse en
, el afecto, la atención…, la afir-
, que otros le dispensan.

ocido divulgador de psicología, con-
libros que, cuando alguien le alaba
lugar de atenuar sus propios méritos,
, responde: «Extiéndase, por favor, ex-
sta que, por insólita, suele hacer reír a
la au   do se cuenta en público. Y también hace
pensar. Algu   hasta se atreven a repetir la experiencia
con gratificantes resultados. Invitamos al lector a que se
atreva a pedir con toda sencillez, a una persona de su
confianza que le conozca y le quiera bien, que le diga lo
bueno que vea en él. Creo que no se arrepentirá.

*«Dicen que un hombre no es hombre
hasta que ha oído su nombre de labios de una mujer»*
(A. Machado)

*
* *

2. Afirmación propia

A medida que vamos creciendo, podemos y debemos de-
pender menos de la afirmación que nos viene de fuera, de
otros, y nos conviene aprender a afirmarnos a nosotros
mismos, es decir:

* a pensar positiva y realísticamente acerca de nosotros
    mismos;
* a tomar conciencia tanto (o más) de nuestros puntos
    fuertes como de nuestros puntos flacos, de nuestros
    logros como de nuestros fracasos;
* a estar más dispuestos a comprendernos y perdonarnos
    que a culpabilizarnos, condenarnos y castigarnos a
    nosotros mismos;
* a expresar clara y abiertamente nuestras opiniones y sen-
    timientos de manera apropiada;

* a defender los derechos propios sin lesion
* a extender nuestras posibilidades, potencia
    lentos y descubrir nuestros recursos aún
* a cuidar solícitamente de nuestro bienesta
    quico y espiritual...

   Añada el lector a esta lista otros modos y maneras de
afirmación propia que se le ocurran.

> «La experiencia me ha enseñado que sólo cuando uno
> ha empezado a aceptarse y amarse a sí mismo,
> es capaz de aceptar y amar a los demás»
> (J.L. Martín Descalzo)

*
* *

3. Afirmación compartida

Lo que no se da se pierde. Y, aunque parezca paradójico,
cuanto más se da, más se recibe, si se da no compulsi-
vamente, sino libremente, de la abundancia del corazón.
Y así ocurre que la persona que se autoestima de verdad
tiende a propiciar la autoestima de aquellos con quienes
se relaciona. Afirmando genuinamente a los demás, ofre-
ciéndoles generosamente nuestro aprecio, aceptación, afecto y atención, ayudándoles a descubrir sus recursos y talentos, reconociendo sus méritos, brindándoles críticas
realmente constructivas y alabanzas auténticas, haciendo
por ellos lo que hemos aprendido a hacer por nosotros
mismos..., no sólo robustecemos su autoestima, sino también la nuestra.

> «Yo no estoy en este mundo para vivir
> según tus expectativas, pero sí para confirmarte
> como un ser humano único...
> y ser confirmado por ti»
> (W. Tubbs)

*
* *

a robustecer el aprecio de sí mismo

Ofrecemos a continuación una serie de ejercicios que el lector puede practicar, solo o en grupo, para robustecer el aprecio de sí mismo y de los rasgos positivos de su persona y su conducta. Son ejercicios de afirmación recibida y afirmación propia, cuya eficacia ha sido probada en «talleres» de autoestima y proceden de diversas fuentes, incluida la imaginación del autor.

1. *Examen positivo de conciencia*

Poco antes de dormirte, repasa el día que acaba de transcurrir y recuerda un par de episodios en los que te hayas sentido afirmado/a, bien sea por lo que te hayan hecho a ti o por lo que tú hayas hecho a otros. Podría ser una cosa tan simple como el inesperado y grato encuentro con un amigo, una carta cargada de genuino afecto, un favor que hayas hecho de corazón a una persona que lo necesitaba, el éxito de alguno de tus proyectos, unas horas pasadas contemplando el mar solo o en compañía de una persona amada, etc. Posiblemente descubrirás más episodios de los que esperabas. En todo caso, que no sea un mero recuerdo fugaz; reconstruye el episodio detalladamente con tu imaginación, hasta saborearlo. Felicítate, expresa tu gratitud y duérmete arrullado por estos «buenos pensamientos». Probablemente dormirás mejor que si te dejas «comer el coco» por las injurias y frustraciones, aparentes o reales, que hayas podido experimentar durante el día.

2. *«Misterios gozosos» de nuestra vida*

Ocurren en la vida de todos nosotros episodios dolorosos que a veces rumiamos una y otra vez y que nos causan sufrimientos innecesarios, como espinas clavadas en el corazón; y también existen episodios gozosos que, en su

día, nos hicieron felices, pero que tal vez hayamos olvidado demasiado fácilmente. Hay personas que, como esponjas, absorben glotonamente los incidentes penosos de su existencia y, como el mármol, dejan que las experiencias gozosas les resbalen sin apenas dejar huella.

A todos nos conviene de vez en cuando, como recomienda Anthony de Mello en *Sadhana*, recuperar del olvido lo que él llama nuestros «misterios gozosos». Recordemos vivamente, pues, algún momento de nuestra vida en que nos hayamos sentido felices, realizados, afirmados... Visualicemos detalladamente, en tres dimensiones y a todo color, el lugar, las personas, las palabras..., todo cuanto tenga que ver con ese momento privilegiado, hasta que volvamos a sentirnos felices y afirmados, al menos en alguna medida. Mientras los visualizamos, podemos repetirnos a nosotros mismos: «Eres una persona buena y capaz, digna de amor y de respeto», u otra frase parecida. No se trata de anclarnos nostálgicamente en el pasado, sino de sacar energías de nuestras experiencias pasadas y, de ese modo, sumergirnos más confiadamente en el presente. Invitamos al lector a que lo compruebe por sí mismo.

3. El «árbol» de mi autoestima

Conviene que tomemos conciencia de nuestras cualidades y de aquellos logros de los que podamos sentirnos fundadamente orgullosos. Y es curioso constatar que incluso a personas inteligentes y cultas les resulta difícil a veces formular una lista de diez cualidades, destrezas y logros personales. Ya sea por pudor mal entendido o por miedo a parecer arrogantes, el hecho es que parecen desconocer lo que otros reconocen en ellos sin dificultad. Este ejercicio facilita el reconocimiento apreciativo de nuestros propios logros y de las cualidades que los han hecho posibles. Lo describiremos paso a paso:

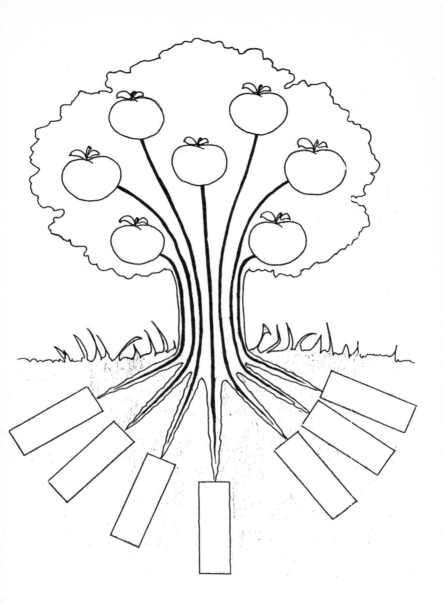

1) Divide una hoja de papel en blanco en dos columnas verticales de igual anchura; encabeza una con el título MIS LOGROS, y la otra con el título MIS CUALIDADES.

En la columna correspondiente, haz una lista de tus logros, realizaciones, metas alcanzadas, éxitos de mayor o menor importancia en los campos del crecimiento personal, de las relaciones interpersonales, de la vida familiar, de la profesión, del trabajo, de los estudios, del deporte, etc., etc. No tienen por qué ser cosas espectaculares, sino simplemente significativas personalmente para ti. Por ejemplo: ser capaz de hablar en público, concluir con éxito una carrera, aprender a utilizar un ordenador, reconciliarse con los padres, los hijos, el cónyuge..., superar una adicción al tabaco, al alcohol, a drogas...

En la otra columna haz una lista de todas las cualidades (corporales, mentales, espirituales...) que poseas en mayor o menor grado, como podrían ser: inteligencia, tenacidad, determinación, alegría, simpatía, paciencia, entusiasmo, amabilidad, generosidad, sensibilidad, capacidad de escucha, fortaleza física, buena salud, destreza manual, serenidad, creatividad, iniciativa, talento organizativo, etc., etc.

2) Después, encima del dibujo del árbol que aparece en la página anterior (cuyo autor es mi buen amigo Juan Martínez, pintor de Villarreal) escribe tu nombre en mayúsculas y, en los frutos que cuelgan de las ramas, algunos de tus logros. Luego, en el rectángulo de la raíz correspondiente a cada uno de los frutos, escribe las cualidades concretas que te han permitido esos logros.

3) Contempla el *Árbol de tu Autoestima* durante unos minutos «escuchando lo que dice de ti»; escribe su mensaje debajo del árbol. Comparte detalladamente el árbol con un amigo o un grupo de confianza. Finalmente, colócalo en algún lugar donde puedas verlo a menudo y completarlo, a medida que obtengas nuevos logros y descubras otras cualidades.

4. *Cómo me ven los que me quieren bien*

Ocurre a menudo que personas benévolas y sensatas de nuestro entorno ven en nosotros rasgos positivos de los que nosotros mismos apenas nos damos cuenta o que consideramos irrisorios y de poca monta. Este ejercicio, del que existen muchas variantes, puede ayudarnos a reconocer más a fondo esos rasgos positivos.

Un grupo de personas, unidas por lazos de sincera benevolencia, se sientan en círculo y se contemplan en silencio durante unos momentos. Se distribuye una hoja de papel en blanco a cada participante, el cual escribe su nombre, en mayúsculas, en la cabecera de la hoja. En un momento dado, cada uno pasa el papel a la persona que se encuentra a su izquierda, la cual escribe un par de rasgos positivos de la persona cuyo nombre encabeza el papel que le ha tocado. Y así sucesivamente, hasta que cada uno vuelve a tener en sus manos su propio papel, y entonces añade un par de rasgos positivos que reconoce en sí mismo. Por fin, cada participante lee, primero en silencio y después por turno y en voz alta, su lista. Más de uno se llevará una agradable sorpresa al constatar la visión positiva que tienen de él sus amigos y/o familiares. Se pueden pedir y ofrecer aclaraciones y dar las gracias, por supuesto. Es un paso no despreciable hacia el robustecimiento del aprecio de sí mismo.

5. *Spot publicitario de sí mismo*

Se invita a los miembros de un grupo bien avenido a que cada cual escriba un «spot publicitario» sobre sí mismo, con optimismo realista, en estilo directo y vigoroso. Se invita después a que quien lo desee se lo lea al grupo en voz alta y expresiva. Es interesante comprobar que, aunque a ciertas personas les asuste al principio la experiencia, bastantes suelen animarse y disfrutan del aplauso de sus compañeros.

Se les recomienda que coloquen su «spot» en algún lugar visible de su habitación, que lo lean de vez en cuando a solas y en voz alta frente a un espejo, y también a una persona o grupo de confianza, que se lo repitan subvocalmente en forma abreviada cuando quieran darse ánimos...

Daremos un par de ejemplos anónimos, que utilizamos con permiso de sus autores, para aclarar el sentido de este ejercicio:

«¿Crees que, en este mundo en que vivimos, las personas han perdido sus valores? ¿Que se relacionan con los demás solamente por el interés? ¡TE EQUIVOCAS!

Todavía queda gente como yo que ama la amistad, que valora los sentimientos, que sabe escuchar y guardar tus secretos bajo llave. Puedes confiar en mí: nunca te traicionaré.

Procuraré que tú y yo seamos uno, pero que a la vez seamos libres e independientes.

Si esto que has oído te ha gustado... ¡LLÁMAME! Lo que aún no sabes de mí te gustará todavía más».

Otro ejemplo, de una joven paralítica y ciega:

«¿Tienes dolores físicos o de los otros?

Aquí estoy, y te ofrezco mis manos y mi corazón, los cuales —dicen, y a mí me consta— son útiles para esos menesteres. A veces necesitaré que empujes mi silla de ruedas, pero podemos caminar juntos por los senderos del compartir. En ocasiones te pediré que me prestes tus ojos físicos para suplir las tinieblas que hay en los míos; pero te ofrezco la oportunidad de intercambiar miradas con los ojos del corazón, que llegan incluso a lo que no se ve, de modo que tú te veas en mí, y yo en ti, y juntos formemos una unidad única y diversa. Si deseas que acometamos juntos la apasionante aventura de vivir el día a día, apoyándonos mutuamente, AQUÍ ESTOY».

El autor, que practica los ejercicios que recomienda, cree, basándose en su experiencia personal y profesional, en la eficacia de estas sencillas estrategias, si se ponen en práctica, claro está, con inteligencia, asiduidad e ilusión.

6. Cuídate bien: ¡te lo mereces!

La persona que realmente se aprecia aprende a cuidarse, es decir, a utilizar los recursos que están a su alcance para nutrir su energía vital y su serenidad mental. En este ejercicio invitamos al lector a explorar y tomar conciencia de sus recursos.

Para comenzar, dedique unos momentos a relajarse, a concentrarse, respirando pausada y sosegadamente, con los ojos cerrados y en una postura apropiada. Y entonces hágase las siguientes preguntas: ¿Quiénes son las personas cuya presencia, compañía y conversación me infunden paz y vigor? ¿Cuáles son los lugares donde suelo recuperar la serenidad y el gozo de vivir? ¿Cuáles son las actividades de las que suelo obtener renovadas energías para enfrentarme con más confianza al estrés de mi vida cotidiana?

Tome entonces un folio en blanco y divídalo en tres columnas verticales del mismo ancho y encabece cada columna con los títulos: *Personas nutricias, Lugares nutricios, Actividades nutricias.* Y debajo de cada uno de estos títulos enumere generosamente las correspondientes personas, lugares y actividades. Luego lea pausadamente lo que ha escrito, visualizando esas personas, lugares y actividades con la mayor claridad posible. Responda entonces a las siguientes preguntas: ¿Cuántas veces he utilizado estos recursos en los dos últimos meses? ¿Cuáles de ellos me conviene utilizar en un futuro próximo, y cómo y cuándo debo hacerlo? También le recomendamos que comparta con una persona o grupo de su confianza lo que haya descubierto o sentido durante el ejercicio.

Para concluir, tres sugerencias concretas relacionadas con el cuidado de sí mismo. En primer lugar: *Un «día azul» al mes,* es decir, tener la audacia de dedicar un día al mes a nuestra recuperación corporal y mental: andar, leer, nadar, escuchar música, charlar apaciblemente con amigos, etc.

En segundo lugar: *Prémiate a diario,* es decir, haz algo cada día que realmente te satisfaga, exclusivamente por ti y para ti, sobre todo en aquellos días en que las cosas no te hayan salido bien, pues, por muchos errores que hayas cometido, nunca dejas de ser ni más ni menos que un *ser humano falible,* siempre digno del respeto de los demás y de ti mismo. (Es éste un sabio consejo que el autor recibió de Anthony de Mello; de los pocos consejos, por cierto, que ha cumplido con fidelidad ejemplar desde que lo recibió, hace ya bastantes años).

Y, en tercer lugar, *Abrazos.* Ciertos médicos y psicólogos afirman que el abrazar y el ser abrazado es una práctica enormemente terapéutica. Recomiendan el «abrazo del oso», abrazando frontalmente y con fuerza a la otra persona y empleando los dos brazos, dándole un abrazo «total». Nos dicen que, practicado con asiduidad, tiene efectos muy positivos, tanto físicos como psicológicos. «A veces saco mi libreta —dice un doctor— y receto cuatro abrazos al día: uno con el desayuno, otro con el almuerzo, otro con la comida y otro antes de acostarse». Otra fórmula es: cuatro abrazos al día para sobrevivir; ocho abrazos al día para mantenerse en forma; doce abrazos al día para crecer.

> *«Todo ser humano,*
> *por el mero hecho de serlo,*
> *merece un homenaje»*
> (J.L. Sampedro)

REFERENCIAS BIBLIOGRÁFICAS

ANDRÉS, M., *Puedo ser otro... y feliz,* Ed. Atenas, Madrid 1989.
BRANDEN, N., *Como mejorar su autoestima,* Paidós, Barcelona 1987.
RODRÍGUEZ, M., *La autoestima: clave del éxito personal,* Manual Moderno, México 1988.
KEATING, K., *Abrázame. 2: El maravilloso lenguaje de los abrazos,* Vergara, Madrid 1988.

4
Un pez debe ser pez

«Todos hemos vivido momentos
en que hemos experimentado
una dolorosa sensación de impotencia e ineptitud...
¿Debemos dejarnos definir por esos momentos?»
(N. Branden)

Autoaceptación

Tan lamentable es desconocer e infravalorar nuestros talentos como no reconocer ni aceptar nuestros errores y limitaciones. En *Razones para la alegría,* J.L. Martín Descalzo cita la siguiente fábula que ilustra la importancia de conocer y reconocer nuestras limitaciones.

«Los animales del bosque se dieron cuenta un día de que ninguno de ellos era el animal perfecto: los pájaros volaban muy bien, pero no nadaban ni escarbaban; la liebre era una estupenda corredora, pero no volaba ni sabía nadar... Y así todos los demás. ¿No habría manera de establecer una academia para mejorar la raza animal? Dicho y hecho. En la primera clase de carrera, el conejo fue una maravilla, y todos le dieron sobresaliente; pero en la clase de vuelo subieron al conejo a la rama de un árbol y le dijeron: '¡Vuela, conejo!' El animal saltó y se estrelló contra el suelo, con tan mala suerte que se rompió dos patas y fracasó también en el examen final de carrera. El pájaro fue fantástico volando, pero le pidieron que excavara como el topo. Al hacerlo se lastimó las alas y el pico y, en adelante, tampoco pudo volar; con lo que ni aprobó la prueba de excavación ni llegó al aprobadillo en la de vuelo.

Convenzámonos: un pez debe ser pez, un estupendo pez, un magnífico pez, pero no tiene por qué ser un pájaro. Un hombre inteligente debe sacarle la punta a su inteligencia y no empeñarse en triunfar en deportes, en mecánica y en arte a la vez. Una muchacha fea difícilmente llegará a ser bonita, pero puede ser simpática, buena y una mujer maravillosa... porque sólo cuando aprendamos a amar en serio lo que somos, seremos capaces de convertir lo que somos en una maravilla».

Por «autoaceptación» entendemos: a) el reconocimiento responsable, ecuánime y sereno de aquellos rasgos físicos y psíquicos que nos limitan y empobrecen, así como de aquellas conductas inapropiadas y/o erróneas de las que somos autores; y b) la consciencia de nuestra dignidad innata como personas que, por muchos errores o maldades que perpetremos, nunca dejaremos de ser nada más y nada menos que seres humanos falibles.

«'Autoaceptación' quiere decir que la persona se acepta a sí misma plenamente y sin condiciones, tanto si se comporta como si no se comporta inteligente, correcta o competentemente, y tanto si los demás le conceden como si no le conceden su aprobación, su respeto y su amor»
(A. Ellis)

*
**

Aceptarse no es lo mismo que gustarse, ni menos aún que desinteresarse por el propio desarrollo personal. Uno puede aceptar filosóficamente ciertos aspectos de su cuerpo, de su carácter y de su conducta que no le acaban de gustar y que modificaría si pudiera. Montserrat Caballé,

por ejemplo, acepta su voluminosa humanidad (a juzgar por una de sus entrevistas televisivas), aunque probablemente preferiría ser menos voluminosa... sin perder la belleza de su voz. Lleva su obesidad con elegancia y sin lamentaciones inútiles. Y es que hay aspectos físicos que, en la práctica, no se pueden modificar; como también hay errores que, una vez cometidos, no se pueden remediar, y pautas de conducta inapropiadas tan arraigadas que son prácticamente imposibles de desarraigar. Y, sin embargo, se pueden aceptar serenamente y, de ese modo, vivir en paz, no en guerra con uno mismo.

«Concédeme, Señor,
la serenidad de aceptar lo que no puedo cambiar,
la valentía de cambiar lo que puedo,
y la sabiduría para distinguir
lo que puedo de lo que no puedo»
(Plegaria de los Alcohólicos Anónimos)

***

«Si puedo aceptar —me guste o no me guste— que soy lo que soy, que siento lo que siento, que he hecho lo que he hecho..., entonces puedo aceptarme a mí mismo... y estoy del lado de la realidad, no contra ella», escribe acertadamente Branden, «y no tengo que malgastar mis energías pretendiendo, ante mí mismo y ante los demás no ser lo que en realidad soy». Uno de los indicios de madurez humana es la capacidad de reconocer, sin coartadas ni excusas, los errores que cometemos y las deficiencias que padecemos. Y, así como es posible querer a una persona (padre, hijo, amigo...) de quien reconocemos —y tal vez lamentamos— sus muchos defectos, ¿por qué no ha de ser posible querernos a nosotros mismos reconociendo nuestros muchos defectos?

Nos conviene aprender que *no* es razonable ni útil identificar a la persona, siempre digna de respeto, con su conducta, no siempre irreprochable. Podemos juzgar favorable o desfavorablemente una conducta concreta (propia o ajena) si tenemos evidencia razonable en la que apoyarnos; pero no podemos juzgar globalmente a nadie, no podemos juzgar a la persona en su mismidad, ni etiquetarla en su totalidad. Y no me refiero sólo a los demás, sino también a mí mismo. Carezco de la capacidad y el derecho de juzgarme a mí mismo globalmente. No puedo fundadamente decir de mí mismo (ni de otros) que *soy* malo; sólo puedo decir, si tengo razones suficientes, que he obrado mal en determinados casos. ¡Ojo, pues, con el verbo *ser*!

En el Mahabhárata —nos cuenta Carlos G. Vallés—, Krishna le pide a Duryodhan: «Encuéntrame a un santo. Recorre toda la tierra y sus continentes, busca en rincones y cuevas si es necesario; tómate todo el tiempo que haga falta, pero al final trae a un verdadero santo a mi presencia». Duryodhan parte, busca, tarda en volver y, al fin, regresa solo. Y explica: «No lo encontré. Vi a grandes ascetas, pero parecían cerrados en sí mismos; observé a quienes servían heroicamente al prójimo, pero percibí una sombra de vanidad en sus acciones; admiré oraciones encendidas, pero noté que el fervor no duraba en su firmeza. Ninguno me satisfizo del todo».

Krishna cambia su mandato: «Búscame a un pecador y tráelo a mi presencia». Duryodhan parte... y regresa nuevamente solo: «No encontré a un verdadero pecador. Unos hacían el mal, pero era por debilidad, no por maldad; otros no sabían lo que hacían; y otros hacían el mal creyendo que hacían el bien». Krishna concluye: «Y tú, ¿qué eres?».

«Hay tanto de bueno en el peor
y tanto de malo en el mejor
que es absurdo condenar a nadie»
(Proverbio hindú)

*
**

El reconocimiento respetuoso de nuestra dignidad radical como personas, y también de nuestros errores, flaquezas y limitaciones, facilita un deseable, fructífero y verdadero cambio de actitud o de conducta, sin ansiedades ni violencias contraproducentes. Un buen amigo mío aliviaba sus ansiedades laborales comiendo más de la cuenta, haciéndolo a cualquier hora del día y sin saborear lo que ingería. Naturalmente, engordó más de lo conveniente; pero no podía controlarse. Acudió a una psicóloga, la cual, sensatamente, le recomendó, entre otras cosas, que no se prohibiese comer nada, que mantuviese además bien surtidas su despensa y su nevera y que, finalmente, decidiese él por sí mismo lo que iba a comer en cada ocasión. La estrategia funcionó, pues es bien sabido que ciertas compulsiones, cuanto más violentamente se resisten, tanto más perduran.

Ser conscientes de nuestras limitaciones, aceptarlas (y aceptarnos) con ecuanimidad y mesura es el camino más corto y duradero para superarlas en lo posible. Por el contrario, difícilmente las superaremos si no nos sentimos aceptados ni nos aceptamos a nosotros mismos, como ilustra la anécdota que relata Tony de Mello:

«Durante años fui un neurótico. Era un ser angustiado, deprimido y egoísta. Y todo el mundo insistía en decirme que cambiara. Y no dejaban de recordarme lo neurótico que era. Y yo me defendía, aunque estaba de acuerdo con ellos, y deseaba cambiar; pero no lo conseguía, por más que lo intentaba.

Lo peor era que mi mejor amigo tampoco dejaba de recordarme lo neurótico que yo era. Y también insistía en la necesidad de que cambiara. También con él estaba de acuerdo; pero con él no podía ofenderme. De manera que me sentía impotente y atrapado. Pero un día me dijo: 'No cambies. Sigue siendo tal como eres. En realidad no me importa que cambies o dejes de cambiar. Te quiero tal como eres, y no puedo dejar de quererte'.

Aquellas palabras sonaron en mis oídos como música: 'No cambies, no cambies, no cambies… Te quiero'. Entonces me tranquilicé. Y me sentí vivo. Y, ¡oh maravilla!, cambié».

Automomensajes

«Converso con el hombre que siempre va conmigo»
(A. Machado)

«Mi hijo se ha examinado del MIR», nos contaba Dorotea en un cursillo de crecimiento personal; «superó el primer examen, pero en el segundo lo suspendieron. Cuando me dijo que lo habían suspendido, me sentí muy mal: triste, enfurecida, amargada, deprimida. Me decía toda clase de 'lindezas' acerca de mi hijo, de nuestra familia y de mí misma: 'Mi hijo es un fracaso; todos sus amigos han aprobado, menos él'; 'todo nos sale mal'; '¡qué mala suerte tenemos...!'; 'no he sabido educarlo'; 'he sido una madre fatal'...» No es de extrañar que Dorotea se sintiese tan mal mientras creyese los mensajes que se dirigía a sí misma, es decir, los automomensajes, o pensamientos automáticos, que se le ocurrían al recibir la mala noticia del suspenso de su hijo, y que aceptaba acríticamente.

El lector, estoy seguro, habrá experimentado situaciones parecidas. Frente a un acontecimiento desagradable e inesperado, se desencadena una serie de pensamientos automáticos, más o menos negativos y con frecuencia exagerados, que le provocan sentimientos de ira, de ansiedad, de abatimiento. Le sugerimos que haga una pausa y se concentre durante unos minutos; y que, habiendo reconstruido con su imaginación una situación personal desagradable, tome nota de los pensamientos o automomensajes que se le ocurrieron automáticamente, guardando esa lista para trabajar en ella más adelante.

Dorotea, por fortuna, aprendió a cuestionar sus automomensajes, detectar sus falacias y exageraciones y darse cuenta de que el suspenso de su querido vástago era ciertamente desagradable, pero no tan catastrófico como al principio le parecía: ni su hijo era un «fracaso», ni ella una «madre fatal», ni a su familia «todo le salía mal». Y entonces comenzó a sentirse mejor. El hijo, por cierto, aprobó en la siguiente convocatoria. Nos ahorraríamos mucho sufrimiento inútil si aprendiéramos a detectar, cuestionar y cambiar nuestros automensajes exageradamente negativos.

El fenómeno de los automensajes (positivos o negativos) es universal; todos lo experimentamos, por la sencilla razón, ya mencionada, de que, siendo seres reflexivos, no podemos menos de generar pensamientos evaluativos sobre nosotros mismos, desde el momento en que somos capaces de pensar. Y así, a medida que aprendemos a hablar, verbalizamos esos pensamientos de forma más o menos explícita o implícita, más o menos vocal o subvocal, más o menos consciente o subconsciente.

Llamamos *automensajes* a esas verbalizaciones mentales dirigidas a nosotros mismos. En particular, a los automensajes que versan sobre nosotros mismos los llamaremos *automensajes-yo*, para distinguirlos de los que versan sobre otros objetos de nuestro entorno, distintos de nosotros. Los automensajes-yo generan emociones y tendencias conductuales referentes a nuestra conducta y a nuestra persona; por lo tanto, expresan y refuerzan nuestras actitudes hacia nosotros mismos, es decir, nuestra autoestima y, en concreto, nuestra autoaceptación. Lo que Dorotea se decía afectaba negativamente a la aceptación de sí misma.

Interiorizamos estos automensajes-yo a lo largo de nuestras vidas, desde que aprendemos a verbalizar. Al principio son introyecciones de los mensajes, verbales o no-verbales, que recibimos de nuestras figuras significativas: padres, maestros, etc. ¿Por qué será, se pregunta una psicopedagoga, que uno de los primeros adjetivos que aprende el niño a atribuirse a sí mismo es el de *malo* o *mala*: «nene malo», «nena mala»? Sencillamente, porque lo ha oído mil veces de sus figuras significativas, que, por cierto, se lo han dicho con la mejor voluntad del mundo. Es una pena que uno de los primeros automensajes que aprende el niño de sí mismo sea negativo y, probablemente, inexacto. ¿No sería mejor que aprendiese a decirse a su manera, con su media lengua: «Soy nene bueno... que a veces se porta mal»?

La tercera vez que un muchacho se vio abandonado por su madre coincidió con el arresto y la prisión de su padre. A partir de entonces, comenzó a acudir a un colegio de huérfanos, donde sus compañeros no tardaron en endosarle el apelativo de «pájaro de prisión». Residía en casa de un tío suyo, que le castigaba severamente y que no dejaba de repetirle:: «Eres como tu padre y, al paso que vas, acabarás en la cárcel como él». En el colegio se metió en toda clase de líos, y su maestro percibía que el chico se consideraba irremediablemente destinado a acabar en la cárcel. Efectivamente, en una tarea consistente en describir un viaje espacial, el muchacho se imaginaba volando a la luna y, en cuanto llegaba y salía de la nave, era immediatamente arrestado y encerrado en el calabozo por la policía de aquel lugar, pues había alunizado en una zona donde estaba prohibido hacerlo.

En los primeros años de nuestra vida almacenamos una cantidad impresionante de automensajes-yo (no siempre negativos, por supuesto) acríticamente aprendidos de nuestro entorno. Almacén que continuamos enriqueciendo durante el resto de nuestras vidas. Nuestras experiencias cotidianas activan, con mayor o menor frecuencia e intensidad, los automensajes-yo, de uno u otro signo, que hemos ido almacenando. Todos albergamos un yo-autocrítico (*inquilino-inquisidor* lo llama Pilar Aparicio) que se deleita, por así decirlo, en activar esos automensajes-yo negativos, denigrantes, descalificadores y derrotistas; y si éstos predominan en nuestro «almacén», los «oiremos» (como una «voz en off») con tanta frecuencia e intensidad que nuestra autoaceptación no podrá menos de resentirse, a no ser que aprendamos a detectarlos, cuestionarlos y cambiarlos.

Si aceptamos este modelo, nos conviene, a todas luces, incrementar la frecuencia de nuestros automensajes-yo fundadamente positivos y disminuir la frecuencia de los infundadamente negativos. Empresa posible, aunque no siempre fácil. Este modelo subyace a los ejercicios sugeridos en el capítulo 3 para robustecer el aprecio de uno mismo. En todos ellos se formulaban, de manera directa o indirecta, automensajes fundadamente positivos que se asimilan, por cierto, a fuerza de repetición y de conductas coherentes.

El problema de la autoaceptación se agudiza cuando, con ocasión de alguna situación o acontecimiento desagradable, nos dejamos atrapar por una espiral de automensajes-yo negativos, denigrantes y descalificadores que acaparan nuestra atención y no nos permiten apreciar los aspectos positivos de nuestra conducta y de nuestra persona. Como le ocurrió a Jacinta, que en un momento de distracción arrojó a la basura un objeto muy apreciado en su familia, y ya no pudo recuperarlo. Al darse cuenta de su error, se hundió en un torbellino de auto-recriminaciones —«Soy una estúpida; siempre estoy metiendo la pata; nunca presto atención a lo que hago; ¿qué pensarán mis hijos de mí?...»— que le amargaron la vida durante varios días.

Recuerdo a Pepe, aprendiz de psicoterapeuta, cuya conducta excesivamente sumisa fue duramente criticada por un admirado profesor. Pepe se sintió sumamente abatido, porque se decía a sí mismo que era un inútil, que el profesor le consideraba una persona débil e inepta, que no llegaría a ser un psicoterapeuta tan capaz como el resto de sus compañeros, etc., etc. Mientras así pensaba, se olvidó de todas las cualidades que el mismo profesor le había ayudado a descubrir, hundiéndose más y más en una depresión que le duró varias semanas y de la que sólo pudo salir cuando empezó a pensar de una manera más racional y fundadamente positiva acerca de sí mismo, y a obrar en consecuencia.

Otro caso real es el de Ignacio, un brillante profesor, ya entrado en años, que se propuso aprender inglés, para lo cual asistía a un curso intensivo para principiantes mucho más jóvenes que él. Una tarde, al acabar la clase, se sentía desalentado y furioso consigo mismo por lo difícil que le resultaba retener las nociones más elementales. Se decía a sí mismo que estaba perdiendo el tiempo, que era un negado para las lenguas, que nunca llegaría a dominar el inglés, que no debería haberse inscrito en ese curso, que estaba haciendo el ridículo... Víctima de estos automensajes-yo exageradamente negativos que llenaban su horizonte mental en aquel momento, se sentía francamente mal.

En ésas estaba cuando un joven compañero de curso le invitó a dar un paseo en su imponente moto. Iban a toda velocidad por las calles de la ciudad, inclinándose peligrosamente a un lado y al otro. Ignacio, inmerso en tan arriesgada experiencia, dejó de pensar y de sentirse mal acerca de sus dificultades con el inglés. Pero fue algo meramente momentáneo, porque, al acabar el paseo, volvió a pensar en el curso, volvieron los automensajes-yo negativos, y volvió a sentirse mal... Cuando, unas horas más tarde, asistió a un concierto de música de cámara, la belleza de *Las cuatro estaciones* de Vivaldi acaparó su atención y su interés; al finalizar el concierto, ya más tranquilo, reconoció la desmesura de sus automensajes-yo negativos, comenzó a pensar de una manera razonable y fundadamente positiva y dejó de sentirse tan mal acerca de su lento progreso en el aprendizaje del inglés.

¿Cómo consiguieron Dorotea y Jacinta, Pepe e Ignacio superar o, por lo menos, aliviar el pernicioso influjo de esos automensajes-yo exageradamente negativos que socavaban su autoaceptación? La estrategia que aquí proponemos está inspirada en la psicoterapia cognitivo-conductual de Albert Ellis, Aaron T. Beck y otros, cuya hipótesis de trabajo fundamental es la siguiente: los trastornos afectivos que experimentamos son generados por nuestra manera de percibir, interpretar y evaluar lo que nos acontece.

*«Cuando veas a un hombre llorando desconsoladamente,
ten en cuenta que no le trastorna lo que le ha ocurrido
(pues a otros no les afecta),
sino su modo de percibirlo y evaluarlo»*
(Epicteto de Hierápolis)

*
**

Hemos dado el nombre de «automensajes» a las formulaciones verbales, más o menos explícitas, de nuestra manera de percibir, interpretar y evaluar lo que nos acontece. La estrategia cognitivo-conductual que aquí proponemos consiste, primero, en DETECTAR los automensajes-yo que nos provoquen sentimientos disfuncionales, como pueden ser ansiedades y abatimientos excesivos y desproporcionados que afecten negativamente a nuestra autoaceptación; a continuación, CUESTIONAR la objetividad de esos automensajes, dándonos cuenta de sus consecuencias emocionales negativas, a fin de SUSTITUIRLOS por otros más objetivos, más racionales y tan fundadamente positivos como lo permita la situación.

Se adquiere facilidad para detectar automensajes habituándose a prestar atención al propio mundo interior. Y así, conviene que de vez en cuando a lo largo del día, sobre todo cuando sintamos cierta turbulencia emocional, nos preguntemos: «¿Qué estoy sintiendo, imaginando, pensando en este momento?». Hay automensajes que se «oyen» con nitidez; otros, en cambio, no son tan claros. Llevar durante algún tiempo un diario escrito de nuestros automensajes también nos ayudará a adquirir esta importante destreza.

Recordemos algunos de los automensajes que se dirigían Dorotea y Jacinta, Pepe e Ignacio: «He sido una madre fatal»; «Soy una estúpida»; «Me considero una persona débil e inepta»; «Estoy haciendo el ridículo»..., a los que el lector puede añadir otros parecidos de su propia cosecha. Una vez detectados, conviene cuestionarlos rigurosa y vigorosamente preguntándose: «¿Es verdad lo que me estoy diciendo? ¿No estaré exagerando, distorsionando, catastrofizando la situación sin fundamento? ¿Cómo me afectan estos automensajes? ¿Generan dentro de mí sentimientos negativos y derrotistas? ¿Me crean conflictos intrapersonales y/o interpersonales indeseables o indeseados?».

A poco que reflexionemos, nos daremos cuenta de que tendemos a exagerar las consecuencias negativas de una situación, a imponer prerrequisitos arbitrarios para vivir y/o ser felices, a albergar exigencias inflexibles y poco realistas sobre nosotros mismos, sobre los demás y sobre la vida en general y, en fin, a dudar de nuestra valía personal e incluso a negarla. Tendencias que nos hacen sufrir innecesariamente y que conviene enderezar.

«He sufrido muchas desgracias...
que nunca llegaron a ocurrir»
(M. Twain)

*
**

Habiendo cuestionado eficazmente los automensajes disfuncionales, los sustituimos por otros más sensatos, razonables y objetivos, más fundamentadamente positivos y, por tanto, más capaces de generar emociones constructivas y equilibradas. Una sensata alternativa al «he sido una madre fatal» podría ser (y en aquel caso concreto lo era): «He sido una madre normal que, con toda su buena voluntad, a veces acierta, y a veces no. No soy responsable del suspenso de mi hijo». La alternativa al «soy una estúpida» podría ser: «He cometido un error que lamento y que deseo no repetir. En otras muchas ocasiones he actuado y actúo inteligentemente». Sugerimos al lector que formule alternativas razonables y fundamentadamente positivas a los restantes automensajes, incluidos los propios.

La formulación de automensajes-yo alternativos, razonables y fundadamente positivos, es un paso necesario, pero no siempre suficiente. Para mejor desalojar los negativos y asimilar los positivos, conviene REPETIR estos últimos hasta conseguir integrarlos en nuestro diálogo interior de tal modo que se nos ocurran espontáneamente en aquellas situaciones en que solíamos torturarnos con automensajes-yo negativos. La repetición asidua y reflexiva será más eficaz si la reforzamos con la VISUALIZACIÓN, imaginando vivamente una situación en la que solemos dirigirnos automensajes infundadamente autodenigrantes que nos hacen sentirnos mal. Entonces rechazamos los automensajes negativos y repetimos vigorosamente los positivos, hasta sentirnos mejor y más serenos.

El último paso, y tal vez el más decisivo, es ACTUAR, o sea, obrar de acuerdo con la nueva manera de pensar y en contra de la antigua. Si, cuando Dorotea pensaba que era una «madre fatal», se sentía culpable y tendía a reprocharse y pedir mil perdones a quien quisiera oírla, una vez que aprendió a pensar: «He sido una madre normal», etc., se negó rotundamente a reprocharse y a excusarse y se comportó como una madre, entristecida, sí, por el suspenso del hijo, pero no culpabilizada. Y así sucesivamente, según los casos.

Cuenta Albert Ellis en uno de sus libros el caso de una señora que se moría de vergüenza ante la mera posibilidad de hacer el ridículo. Este miedo excesivo al ridículo le impedía participar en muchas actividades que le apetecían. Ellis, después de haberla convencido de lo irracional y disfuncional de sus miedos, le prescribió el siguiente ejercicio: «Salga usted a la Quinta Avenida (Nueva York), compre un plátano, póngale un lacito azul, átele una cuerda y paséelo durante diez minutos como si fuera un perrito faldero. Si persevera, se dará cuenta de que hacer el ridículo no es el fin del mundo, y perderá esos miedos que la paralizan». Así lo hizo la buena señora, y parece ser que se curó. El autor ha conocido casos similares, aunque no tan llamativos.

A –

A+

En resumen, la estrategia consiste en: a) *detectar* los automensajes-yo disfuncionales; b) *cuestionarlos;* c) *sustituirlos* por alternativas positivas y, posteriormente, d) *repetirlas* y e) *visualizarlas;* y, finalmente, f) *actuar* en consecuencia. A continuación, proponemos varios ejercicios, inspirados en esta estrategia, para fortalecer nuestra autoaceptación.

1. Escriba el lector en una hoja de papel una *lista de automensajes-yo* exageradamente negativos. Habiéndolos cuestionado rigurosamente, escriba en otra hoja de papel automensajes alternativos positivos y realistas, y esboce un plan de acción coherente (contraofensiva conductual). Rompa la hoja de automensajes negativos y arrójela a la basura, o quémela. Guarde la hoja de automensajes positivos, fíjela en un lugar visible, reléala frecuentemente y *actúe en consecuencia.*

2. Imagínese ante un *espejo mágico* «made in Japan» que le refleje su cuerpo entero, tanto en lo físico como en lo psíquico. Respire pausada y acompasadamente y contémplese detenidamente de pies a cabeza varias veces, reconociendo, con amor y con humor, tanto los rasgos positivos como los negativos. Y, mientras se contempla, repítase reflexivamente —en voz alta, a ser posible, y en sincronía con su respiración— una breve frase, preparada de antemano, que condense en sus propias palabras un acto de autoaceptación. Por ejemplo: «Me siento orgulloso de ser quien soy: un ser humano falible único e irrepetible»; «a pesar de todas mis limitaciones y flaquezas, me considero digno del respeto propio y ajeno»; «soy una persona capaz y digna de ser amada».

3. *Hable abiertamente de alguno de sus defectos* en un grupo o con una persona de confianza, capaz de escucharle empáticamente sin juzgarle ni condenarle. Probablemente se dará cuenta de que no es tan fiero el león como lo pintan, y de que sus defectos y debilidades son

patrimonio bastante común de la raza humana. ¡Bienvenido a la raza humana!, solía decir un psicoterapeuta cuando alguien en su grupo de terapia reconocía paladinamente alguno de sus errores.

4. *Mensajes de mi niñez*. Este ejercicio es algo más complicado, pero merece la pena dedicarle todo el tiempo que sea necesario.

a) Copie en un folio la pauta impresa en la página siguiente.

b) Ponga en los espacios indicados de la zona superior, encima del rectángulo, los nombres de personas que tuvieron una influencia negativa en su autoestima durante la niñez, y al lado de cada nombre el mensaje negativo que crea usted que recibió de cada una de ellas.

c) Repita la operación en los espacios de la zona inferior, debajo del rectángulo, indicando los nombres de las personas —y sus mensajes— que tuvieron una influencia positiva durante su niñez.

d) Escriba en el rectángulo central la lectura personal que hace actualmente de los mensajes, positivos y negativos, recibidos de personas significativas en la niñez acerca de usted.   e) Comparta contenidos e intuiciones de esta experiencia en un pequeño grupo de su confianza.

5. *Cuando cometa un error* y se sienta mal, *prémiese* haciendo algo que le guste especialmente. No, naturalmente, para reforzar una conducta inapropiada, sino para reforzar su sentido de dignidad personal a pesar de lo inapropiado de esa conducta. Sobre todo, si después del error se siente inclinado a autodenigrarse.

6. Escríbase una *carta* (comprensiva, cariñosa y muy positiva) *dirigida a usted mismo,* manifestando un gran autoaprecio y autoaceptación. Échela al correo y, cuando la reciba, léala y reléala de vez en cuando en voz alta.

8. *Dialogue amistosamente*, y por escrito, con el defecto o limitación que más le moleste, hasta que aprenda a vivir en paz con él.

«Poco a poco —cuenta Tony de Mello en *El canto del pájaro*—, iba quedándose ciego. Y cuando las medicinas ya no surtían efecto, tuvo que combatir con todas sus emociones. Yo mismo necesitaba armarme de todo mi valor para decirle: 'Te sugiero que aprendas a amar tu ceguera'. Fue una verdadera lucha. Al principio se resistía a trabar contacto con ella, a decirle una sola palabra. Y cuando, al fin, consiguió hablar con su ceguera, sus palabras eran de enfado y amargura. Pero siguió hablando y, poco a poco, las palabras fueron haciéndose palabras de resignación, de tolerancia y de aceptación..., hasta que un día, para su sorpresa, se hicieron palabras de simpatía... y de amor. Había llegado el momento en que fue capaz de rodear con su brazo a su ceguera y decirle: 'Te amo'. Y aquel día le vi sonreír de nuevo. ¡Y qué sonrisa tan dulce! Naturalmente, había perdido la vista para siempre. Pero ¡qué bello se hizo su rostro...! Mucho más bello que antes. La ceguera había pasado a vivir con él».

*
**

REFERENCIAS BIBLIOGRÁFICAS

ÁLVAREZ, R.J., *Para salir del laberinto. Cómo pensamos, sentimos y actuamos*, Sal Terrae, Santander 1992.

AUGER, L. *Ayudarse a sí mismo*, Sal Terrae, Santander 1987.

BRANDEN, N., *Cómo mejorar su autoestima*, Paidós, Barcelona 1987.

ID., *El respeto hacia uno mismo*, Paidós, Barcelona 1990.

BURNS, D.D., *Sentirse bien*, Paidós, Barcelona 1990.

ELLIS, A. y GRIEGER, R., *Manual de Terapia Racional Emotiva*, Desclée de Brouwer, Bilbao 1981.

LÓPEZ CABALLERO, A., *El arte de (no) complicarse la vida*, Martínez-Roca, Barcelona 1992.

5
¿Te sientes culpable?

«De todas las zonas erróneas del comportamiento,
la culpabilidad es la más inútil,
la que despilfarra más energía emocional,
porque te sientes inmovilizado en el presente
por algo que ya pasó»
(W.W. Dyer)

*
**

«Durante años, había vivido en un estado angustioso de descontento conmigo mismo. Me flagelaba mentalmente por cualquier falta o fallo en mi conducta. Me disgustaba mi apariencia personal, mi torpeza social, mi ineficacia laboral... Crítico inmisericorde de mí mismo, el inquisidor que todos llevamos dentro siempre me declaraba culpable. Al acostarme, pasaba revista a todos los errores y maldades que había cometido durante el día y recitaba una letanía de autoimprecaciones que me trastornaba el sueño...»: así se describía una persona que asistió a un cursillo de autoestima destinado a «neuróticos normales» (en palabras del que lo impartía), aunque la persona se consideraba neurótica aguda sin remedio y se había sometido ya al tratamiento de varios psicoterapeutas. Tal vez algún lector se vea reflejado, parcialmente al menos, en este párrafo.

«Descubrí que mi actitud hacia mí mismo —proseguía— era patentemente derrotista, y conseguí, no sin esfuerzo, aprender a mirarme a mí mismo con la comprensión y la compasión que solía sentir por mis amigos más entrañables. Decidí reconciliarme conmigo mismo, ser buen amigo de mí mismo y tratarme como tal...» En otras palabras, se perdonó de corazón. La autocrítica rigorista y el consiguiente sentido de culpabilidad malsana socavan la autoestima; el perdón de sí mismo la restaura.

No todo sentido de culpa es malsano. Los psicoanalistas advierten que ya en los primeros días de nuestra vida, antes de tener conciencia del bien y del mal, de la prohibición y de la transgresión, brota en todo ser humano el germen de un sentido de culpa, que puede ser fecunda, constructiva y sana o, por el contrario, infecunda, destructiva y malsana.

«Saber sentirse culpable en determinadas ocasiones constituye un signo de indiscutible madurez... Aprender a soportar el displacer ocasionado por una sana autocrítica es un reto que todos tenemos que afrontar para alcanzar nuestra maduración... Existe una culpa de carácter depresivo que surge como expresión del daño causado: dolor infligido a otro, ruptura del encuentro, pérdida de nuestro amor o de los valores que pretendemos que presidan nuestra vida y nuestro comportamiento... Es una culpa fecunda, que surge como descubrimiento del engaño que descuidadamente se ha podido ir instalando en nuestra vida» (C. DOMÍNGUEZ, *Creer después de Freud,* pp. 147ss).

Pero ese sentido de culpa puede ser también, y lo es con frecuencia, un peligroso foco de autodesestima destructiva: culpa angustiosa, persecutoria e infecunda, desencadenada por exigencias e imperativos irracionales de carácter cultural, ético o religioso. Conviene, pues, que sepamos distinguir entre el sentido sano y el sentido malsano de culpa, para aprender a manejarlos de manera constructiva y conducente al reforzamiento de nuestra autoestima.

Los *sentimientos de culpabilidad sanos,* según García-Monge,

* cuestionan e *interpelan la conducta* concreta evaluada, *respetando el potencial de bondad* de la persona. (Si, por ejemplo, yo defraudase a alguien dándole mil pesetas, en lugar de las diez mil que le debo, habría cometido una injusticia, y sería apropiado que me declarara culpable; pero no sería apropiado que me considerara una persona global e irremediablemente mala e injusta);

* proceden de la *expresión de una libertad responsable,* ejercida con un conocimiento adecuado de la moralidad del acto. (Considérese el caso de don Severo del Valle, personaje de la novela de Isabel Allende *La casa de los espíritus,* que se sentía terriblemente culpable por la inesperada muerte de su hija Rosa. Rosa había muerto envenenada por la substancia que un desconocido introdujo en la garrafa de aguardiente que le habían regalado anónimamente a su padre, político destacado. Él, sin saber nada del veneno y siguiendo la recomendación del médico, permitió que le dieran a su hija enferma un poco de aguardiente con la medicina recetada. Don Severo se sentía desolado, lo cual era normal en tales circunstancias, y torturado por los remordimientos, porque —se decía a sí mismo—, si él no se hubiera metido en política, nadie le habría regalado una garrafa de aguardiente envenenado, y su hija Rosa no habría muerto. Su comprensible sentimiento de culpabilidad, sin embargo, era malsano, porque su libertad deliberada no había tenido nada que ver con la muerte de su hija);

> *«No es infrecuente que este tipo de culpa*
> *aqueje también a personas con una alta autoestima,*
> *disminuyéndosela temporalmente.*
> *Pero, cuando partimos de una baja autoestima,*
> *las culpas encuentran naturalmente*
> *terreno fértil donde desarrollarse,*
> *empeorando un autoconcepto ya deficiente de por sí»*
> (N. Branden)

*
**

* no *se centran* tanto en el hecho de que su conducta le afee a uno ante sí mismo y ante los demás, cuanto *en el daño causado al otro.* Tienden, por tanto, a dinamizar el amor hacia el otro, no a la tortura y la auto-agresión, y generan más deseos de reparar el daño cometido que turbación y morbosidad interior. Tampoco generan conductas tendentes únicamente a aliviar esos sentimientos inquietantes, como podría ser el confesar la culpa y quitarse un peso de encima... y volver luego a las andadas;

* son perfectamente *compatibles con la autoestima:* uno puede sentirse sanamente culpable y seguir amándose sanamente a sí mismo y aceptar con gratitud la gratuidad del perdón.

Por otro lado, los *sentimientos de culpabilidad malsanos*

* generan *autoagresión y autodesprecio,* en forma, por ejemplo, de automensajes acusatorios, condenatorios, punitivos... generalizados, que contaminan a toda la persona y rebajan, por tanto, su autoestima. Era lo que le ocurría a un joven aspirante al sacerdocio que se denostaba a sí mismo durísimamente, se descalificaba y se consideraba un vil gusano y la hez de la humanidad, etc., por reincidir en el hábito de la masturbación; con lo cual se amargó innecesariamente la existencia durante varios años;

* pueden también generar *conductas compulsivas compensatorias,* como beber o comer en exceso, que suelen ser nocivas a medio o largo plazo;

* *bloquean los recursos personales* para cambiar, para mejorar, porque, si realmente llega uno a creerse *malo,* esta creencia actuará como una «profecía autoinducida» que precipita conductas «malas». De esta manera, fomentan la evitación de responsabilidad personal por las propias acciones, como si uno se declarara a sí mismo «zona catastrófica», en la que uno es incapaz de hacer nada, y sólo otros pueden sacarle del atolladero;

* pueden ser una sutil variedad de *juego psicológico,* un precio que «gustosamente» pagamos por nuestra necesidad de pertenencia, un intento de comprar la piedad ajena reconociendo la maldad propia... Porque eso de ser un «gran pecador» da mucho tono: hay que pecar «como Dios manda»... y luego sentirse horriblemente mal, también «como Dios manda»;

* pueden también ser un intento egocéntrico de *reparar sufriendo el mal cometido,* como si con nuestros sufrimientos pudiéramos reparar el mal que hemos hecho a otro: algo así como dejar de comer hoy por haber robado ayer;

* incluyen a menudo componentes de *miedo a un posible rechazo* o castigo, de vergüenza por haber decepcionado a «alguien», de temor a padecer una tara importante en el carácter... Van acompañados a veces de la sensación de estar siendo vigilado por un *ojo crítico interno* que le espía a uno y observa sus vivencias más secretas, le juzga, le desprecia, le condena... «Ojo interno» que fácilmente se proyecta en un «dios» acechante, vengador y primitivo, impredecible y caprichoso...: una caricatura de Dios.

Tal era la experiencia de Stephen Dedalus en aquella obra maestra de James Joyce titulada *Retrato del artista adolescente,* traducida admirablemente al castellano por Dámaso Alonso. Stephen, después de un horripilante sermón del predicador de turno en el internado, y sintiendo que «su alma no era otra cosa que una masa viviente de corrupción», se llega a preguntar, presa del pánico, cómo era posible que Dios no le hubiera matado de repente.

> *«El Dios que trafica con el terror es un matón,*
> *y doblar la rodilla ante él es de cobardes,*
> *no de creyentes»*
> (A. de Mello)

*
**

Así pues, ¿cómo *trabajar nuestros sentimientos de culpabilidad* de manera que no afecten negativa e innecesariamente a nuestra autoestima?

Cuando uno experimenta sentimientos de culpabilidad sanos y se da cuenta de que ha tomado libre y responsablemente una decisión, o ha cometido a ciencia y conciencia una acción objetivamente mala, que ha dañado a una o más personas, García- Monge recomienda acertadamente:

1. *Reconocer sin ambages,* ante uno mismo y ante esa/s persona/s, *lo desacertado de la decisión* y el daño cometido, minimizando el daño con hechos o gestos verdaderamente compensatorios.

2. *Comprometerse dinámica y realísticamente a cambiar* aquello que sea necesario, y conformar conductas deseables y no-destructivas.

3. Acoger, aceptar el perdón ofrecido y *perdonarse a sí mismo.*

4. *Tomar conciencia de los propios recursos* para vivir de una manera coherente con los valores personales y continuar disfrutando del bienestar del que uno, a pesar de sus fallos, se considera merecedor, como ser humano falible que es.

5. *Mirar más allá del propio ego,* momentáneamente vulnerado, hacia la tarea de la propia vida y hacia la convivencia armónica con los que le rodean a uno.

Cuando experimento *sentimientos de culpabilidad malsanos,* es decir, cuando me doy cuenta de que mis sentimientos no están fundados en una evaluación ética razonable, o son desproporcionados con respecto a mi conducta desacertada, y contaminan negativa e infundadamente mi autoestima, conviene:

1. Preguntarse: ¿de acuerdo con qué normas juzgo mi conducta?; *¿desde qué normas me condeno?;* ¿son esas

normas heterónomas o autónomas?, es decir, ¿proceden de fuera o de dentro de mí? Pues podrían ser normas no interiorizadas realmente, sino asimiladas acríticamente, y me las habría «tragado», como una piedra entre las lentejas, sin apenas darme cuenta.

Preguntarse, pues: *¿qué es lo que yo realmente creo* sobre este asunto? Puede ocurrir que, si me informo con honradez e inteligencia, caiga en la cuenta de que esas normas impuestas «sin mi permiso» no son válidas para mí en mis circunstancias. Lo cual no quiere decir que la moral y la ética sean totalmente subjetivas y situacionales, sino que las circunstancias concretas, el contexto social, la programación cultural y el sistema de creencias del sujeto sí que inciden en la moralidad concreta de sus actos.

Si me siento culpable por asimilación acrítica de normas inculcadas por personas significativas, tal vez piense que, si esa persona (padres, superiores, gurus...: el «ojo crítico interno» del que hablábamos antes) lo supiera, me rechazaría, y siento miedo a desafiar (aun en secreto) a esas personas a las que yo he concedido poder moral sobre mí; miedo, en otras palabras, a mi libertad decisoria y a mi autonomía personal.

«*Si te encuentras al Buda en tu camino, ¡mátalo!*»
(Maestro zen)

El problema, pues, está en si puedo vivir en paz conmigo mismo sin la aprobación de mis figuras significativas. Una actitud sensata se podría formular así: si me aceptan, encantado; si no, estoy dispuesto a actuar según mis convicciones, aunque atraiga su desaprobación.

2. Tratar de *comprender por qué actué como actué* (las circunstancias, el contexto, los motivos, los sentimientos, las necesidades que experimentaba en ese mo-

mento...: aspectos del problema que los sentimientos de culpabilidad malsanos no suelen tener en cuenta). Si soy diabético, el «soufflé» de auténtico chocolate es malo para mi salud, pero le encanta a mi paladar; y mi paladar tiene un voto en la decisión de tomarlo o no tomarlo, aunque su voto no sea el definitivo.

Esforzarse, pues, por *evaluar la propia conducta como si fuera la de un amigo entrañable*. Tratarse uno a sí mismo como trataría al mejor amigo si se encontrara en parecido trance. Escucharse como se le escucharía a él; comprenderse como se le comprendería a él. Adoptar para con uno mismo esa benevolencia, esa magnanimidad que suele adoptarse para con él... y «darse permiso» para perdonarse a uno mismo de todo corazón.

Preguntarse: *¿que proporción de la persona se juega en una conducta concreta?* Porque solemos extender la culpa derivada de una conducta concreta a la condena de la persona global, lo cual es irracional y autoderrotista. Generalmente hablando, podemos decir con toda verdad: «Soy una persona buena que ha cometido una acción mala». Seguramente podremos encontrar, si lo intentamos, excepciones acertadas a las propias conductas desacertadas. Y, en todo caso, podemos aprender de nuestros desaciertos.

«Culpable de veras no se siente uno
cuando se pregunta: '¿cómo he podido hacer esto?',
sino: '¿qué clase de persona soy para haber hecho esto?'»
(A. Schopenhauer)

A la luz de lo que hemos dicho, sugerimos al lector un ejercicio de *reflexión, visualización* y *acción* que le puede ayudar, si lo realiza con asiduidad, a superar sus posibles sentimientos de culpabilidad y, de esa manera, a reforzar su autoestima.

En un ambiente, en una postura y en un momento que faciliten la serenidad mental y corporal:

Reflexiona

1. *Recuerda un par de acciones* propias que todavía susciten en ti sentimientos de culpabilidad que desearías eliminar o, por lo menos, aliviar. Elige una de ellas y remóntate al momento en que tomaste la decisión de hacer lo que hiciste.

2. Intenta *reconstruir mentalmente* lo que pensabas y sentías justo *antes* de decidir. Si tenías idea del dolor que iba a causar tu decisión, ¿cómo «compensaste» por ese dolor imaginando un resultado deseable? Considera también la fuerza de la necesidad que sentías y cómo influyó en tu decisión. Pregúntate: si pudieras volver a aquel momento, a aquella situación, con las mismas necesidades, información, etc. que entonces tenías, ¿obrarías hoy de manera diferente?

3. Habiendo aclarado la dinámica de tu decisión, habiéndote responsabilizado y habiendo asumido las consecuencias dolorosas de tu acción, y teniendo en cuenta, si es el caso, la inevitabilidad de algunas acciones desacertadas, haz un esfuerzo sereno y deliberado de *perdonarte a ti mismo* con la magnanimidad con que te perdonaría un buen amigo, o con la que tú le perdonarías a él, en tales circunstancias.

Visualiza

1. *Relájate* una vez más en una postura que te facilite la respiración abdominal, respira por la nariz con sosiego y pausadamente, cierra los ojos... *Visualiza* con todo detalle el *lugar* donde ocurrió el episodio culpabilizante, a las *personas* que intervinieron y a *ti mismo* (tu rostro, tu expresión, lo que sabías de la situación, lo que hiciste, lo que dijiste...) *antes* del episodio en cuestión.

2. Mientras respiras pausada y acompasadamente, *repite, en sincronía con tu respiración,* una breve frase, cuidadosamente escogida por ti mismo a modo de «mantra», que, reconociendo tu responsabilidad, alivie tu culpabilidad, como, por ejemplo: «Fulano (tu propio nombre), te perdono de todo corazón»; «Soy nada más y nada menos que un ser humano falible»; «Puedo aprender de mis errores»; «Soy una persona buena que ha cometido una acción mala»; «Me perdono por no ser perfecto»..., u otra frase que te parezca más convincente.

Actúa

Compórtate, aunque al principio te cueste, como una persona que, habiéndose perdonado de corazón, se reconoce digna del respeto propio y ajeno y merecedora de disfrutar los gozos y las alegrías que la vida le ofrece. Y, para comenzar, concédete un premio, haz algo que especialmente te satisfaga, que te entretenga, que te encante, que te guste a ti —y no disguste a otros, ya se entiende—, precisamente por ser quien eres, no por el desacierto que cometiste.

Una joven hermosa e inteligente, condenada a vivir en una silla de ruedas el resto de sus días, que parecía haber aceptado serenamente su dolorosa situación, me sugirió el siguiente ejercicio que propongo al lector, pues creo que puede serle útil en ciertos casos. Consiste en escribir *setenta veces durante siete días seguidos,* pausada y conscientemente, sin saltarse un solo día, la siguiente frase: «Yo, X.X., me perdono completamente a mí mismo/ a». Se puede hacer mientras se imagina uno en un lugar que para él represente seguridad y bienestar, o como envuelto en una luz blanca e intensa, o en presencia imaginaria de algún símbolo espiritual de su preferencia que signifique para él paz y perdón, y/o con una suave música de fondo que infunda serenidad.

*«Sólo desde la aceptación de quien me acepta
a pesar de todo, puedo perdonarme yo a mí mismo.
Y sólo dejándome perdonar así y perdonándome
a mí mismo, seré capaz de abrirme a perdonar,
es decir, a no poder menos de perdonar a los otros...»*
(J. Masiá)

***

En sus admirables escritos sobre la autoestima, insiste Branden, con toda razón, en la importancia del sentido de integridad personal, es decir, en la coherencia habitual de la conducta, valores y principios personalizados del individuo para mantener una autoestima positiva. Nos sentimos culpables cuando actuamos deliberadamente en contra de nuestros valores personalizados: cuando, por ejemplo, consciente de su promesa de fidelidad, un marido le es infiel a su mujer; o cuando el director de un banco que realmente valora la honradez en el trabajo se embarca en una operación fraudulenta y desaparece con un montón de millones de sus clientes; o cuando una persona generalmente honorable revela un secreto profesional, sin razones suficientes y con daño serio para un tercero...

En tales casos, la persona, tarde o temprano, suele sentirse culpable y, por lo general, desea reparar en lo posible el daño cometido y, de ese modo, recuperar su sentido de integridad personal, importante componente de su autoestima. Para lograr este fin no basta con reconocer nuestra responsabilidad y decirle al perjudicado que lo lamentamos; hay que actuar coherentemente y «desfacer el entuerto» en la medida de lo posible, so pena de que el sentido de culpabilidad siga royendo, de manera más o menos soterrada, nuestra autoestima.

Cuenta Branden el caso de Gerardo, que se sentía profundamente culpable por haber abandonado, hacía bastante tiempo, a su mujer y a su hijo de dos años; desde entonces, se había divorciado y se había vuelto a casar.

Ahora, al cabo de quince años, se preguntaba angustiado: «¿Cómo puedo perdonarme a mí mismo por el daño que les causé, sobre todo a mi hijo? ¿Cómo rectificar lo que hice?» En primer lugar, Gerardo aprendió, poco a poco, a perdonarse a sí mismo, teniendo en cuenta sus circunstancias cuando los abandonó; y, ya más sereno, decidió buscar a su ex-mujer y a su hijo, comprendiendo que ellos tenían derecho a sentirse agraviados, y dispuesto a hacer lo que pudiera para desagraviarlos. Los encontró, aceptó serenamente sus comprensibles denuestos y airadas quejas y, aunque no pudo hacer mucho con su ex-esposa, sí pudo establecer con su hijo una relación satisfactoria para ambos, después —por supuesto— de un largo y difícil período de lágrimas, sospechas y manifestaciones de reprobación por parte del hijo. Gerardo hizo lo que honradamente pudo por reparar el daño que había cometido en un momento de arrebato juvenil, y así restaurar su integridad personal y reforzar su autoestima.

«Si hemos realizado acciones que han dañado nuestra autoestima, sólo realizando las correspondientes acciones en contra podremos recobrar la autoestima»
(N. Branden)

*
**

A este propósito, el mismo Branden menciona una escena de la película *Gandhi,* donde un hindú se dirige al Mahatma para confesarle que se siente como si estuviera en el infierno, pues en un arrebato de furia incontrolable había matado a un niño musulmán, y lo había hecho porque los musulmanes habían matado a su propio hijo. Gandhi le sugiere el siguiente modo de salir de su particular infierno de culpabilidad: buscar a un niño musulmán cuyos padres hubieran sido asesinados, acogerlo como suyo propio y educarlo como musulmán; acción auténticamente compensatoria, aunque no fácil, que le restituiría su sentido de integridad personal y, por ende, su autoestima.

La familia y la religión son, sin duda, fuentes fecundas de valores y principios sanos, sabios y prudentes, pero también pueden serlo de culpabilidades malsanas, sin que necesariamente medie mala intención por parte de los culpabilizadores. En la película *En el nombre del Padre,* el hijo rebelde, encarcelado por un crimen que no había cometido, es visitado en la prisión por su atribulada madre, que le dice: «¿Por qué nos haces estas cosas, hijo? ¿Por qué nos has hecho esto?» Preguntas muy comprensibles en las circunstancias descritas en la película; pero preguntas que algunas madres hacen a sus hijos por cosas de poca monta y que han sembrado en los hijos las semillas de culpabilidad malsana, no siempre fáciles de desarraigar. «Está mal entristecer a los padres; y, si uno lo hace, es malo y merece un castigo ejemplar»: así se hace «razonar» a los niños.

Cuenta un autor la historia de Susana, cuya madre, cuando la niña rompía algo o sacaba malas notas, le decía: «¿Por qué me haces *a mí* esto?», como si lo hiciese a propósito para herirla. La madre, que había perdido tempranamente a su marido y no se había vuelto a casar, solía quejarse de la dificultad para una mujer de criar sola a una hija y de lo cruel que el destino había sido con ella. Se sentía una víctima y, de alguna manera, transmitía a su hija la idea de que era ella la culpable de su desgracia. La culpabilizaba echándole en cara cualquier cosa, como mancharse la blusa, o llegar tarde a comer, o hacer demasiado ruido... Y su abuelo, pastor protestante fundamentalista, complicaba las cosas insistiendo una y otra vez en la necesidad de considerarse sucios pecadores de pensamiento, palabra y obra delante de Dios.

El resultado de esta educación culpabilizadora —nunca cuestionada y, por lo tanto, nunca resuelta— fue que Susana llegó a los treinta años sintiéndose profundamente indigna, descontenta e infeliz. El psicoterapeuta la ayudó a ver que su triste situación se debía a que, en su madurez, no se había encarado valientemente con esas enseñanzas culpabilizadoras de su infancia ni las había cuestionado rigurosamente con la razón ni contrarrestado con la conducta.

La sexualidad es un campo abonado en el que ciertas creencias religiosas han causado verdaderos estragos psicológicos de culpabilización malsana. Todavía en 1965, Schätzing y Thomas, psicólogos alemanes, acuñaron la expresión «neurosis eclesiogénica» para referirse a la culpabilidad neurótica generada por la educación impartida en centros religiosos, sobre todo en lo referente a la sexualidad. Temas estos que, por un lado, no se podían discutir abiertamente en aquellos centros y, por otro, se suponía que conllevaban inevitablemente determinadas prácticas inmorales, prohibidas y merecedoras de castigo.

Afortunadamente, las actitudes y enseñanzas referidas a la sexualidad han cambiado, para bien, en muchos centros religiosos de educación; pero todavía quedan residuos de los antiguos criterios, sobre todo en personas que estuvieron expuestas a ellos en su juventud y no han conseguido liberarse de ellos en su madurez. Es instructivo leer, a este respecto, el libro de Pierre Solignac, psiquiatra francés creyente y practicante, titulado *La neurosis cristiana,* publicado en España en los años setenta, donde se describen numerosos ejemplos de creyentes —clérigos incluidos— aquejados de culpabilidades sexuales neuróticas.

La mente infantil es fácilmente susceptible de ser «programada» por los mensajes que le llegan de personas significativas para el niño; mensajes que, si son negativos —como, por ejemplo: «Debería darte vergüenza hacer eso...»; «Si no obedeces, mamá no te querrá»; «Si te toqueteas, Dios te castigará»... y otros por el estilo—, pueden generar sentimientos de culpabilidad malsanos y persistentes, mientras no se confronten y se desenmascaren con el rigor del pensamiento y la contundencia de una conducta adecuada.

En el proceso de la educación familiar y religiosa de un niño, fácilmente se le inculca a éste un buen número de «deberías» que, si no se ventilan a su debido tiempo, pueden condenar al joven y al adulto a vivir insatisfecho bajo la «tiranía de los 'deberías'». Por ejemplo: «Deberías esforzarte por complacer siempre a tus padres»; «No deberías rechazar ninguna petición de ayuda»; «Deberías estar siempre dispuesto a sacrificarte por los demás y olvidarte de tus deseos y necesidades»; «Deberías obedecer sin protestar las decisiones de las autoridades competentes»; «No deberías comer dulces ni helados, para no engordar»; etc., etc. Y cuando obramos contra estos imperiosos «deberías», no podemos menos de sentirnos culpables.

No todos los «deberías» que se nos inculcan de niños son malsanos: «Deberías asegurarte de que el semáforo está en verde, antes de cruzar la calle», por ejemplo, es un consejo sumamente saludable. Tampoco queremos decir que no tengamos el deber de hacer ciertas cosas que forman parte de nuestro sistema de valores, aunque en un momento dado no nos apetezca, como podría ser el defender a una persona tratada injustamente. Únicamente queremos decir que a lo largo de nuestro desarrollo se acumulan bastantes «deberías» infundados y disfuncionales que nos tiranizan y culpabilizan innecesariamente.

Recuerdo un episodio que ilustra lo que acabamos de explicar. Hace ya bastantes años, cuando yo residía en la India, me contaba un buen amigo cómo, al regresar a su casa, se encontró con que, en su ausencia, el sirviente se había bebido su whisky y había agarrado una buena borrachera. Mi amigo —buena persona, por lo demás— no se contentó con reprender al sirviente como merecía, sino que le propinó una paliza. Me sentí muy inquieto: por un lado, me parecía que debía expresar mi desacuerdo con la conducta excesivamente violenta de mi amigo; pero, por otro, me resistía a desagradarle, por miedo a perder su benevolencia. El hecho es que, de momento, no me atreví a protestar; pero más adelante, movido por un sano sentimiento de culpa, le expresé claramente mi desacuerdo. En este caso, había un conflicto entre un claro deber, basado en valores personales, y un «no debería desagradar a mis amigos».

Conviene, pues, en primer lugar, tener muy claro cuáles son los deberes que realmente forman parte de nuestro personal sistema de valores, y tomar conciencia de los «deberías» que nos culpabilizan innecesariamente, para lo cual suele ser útil anotar por escrito los episodios en que nos hayamos sentido malsanamente culpables. Con un poco de práctica, aprenderemos a discernir los «deberías» disfuncionales que todavía nos tiranizan. Una vez identificados, conviene cuestionarlos vigorosa y rigurosamente, haciéndonos preguntas como éstas: ¿Qué razones válidas tengo para creer que debería actuar así? ¿Qué beneficios obtengo, u obtienen otros, cuando yo actúo así? ¿Qué siento cuando actúo así? ¿Qué problemas me crea el actuar así? ¿Me ayuda a lograr mis objetivos el actuar de esta manera?; etc. En otras palabras, se trata de que fundamentemos nuestra conducta en razones y evidencias personalmente descubiertas por nosotros mismos, y no en lo que otras personas, por respetables que sean, nos hayan inducido a creer.

En este proceso, un cambio de formulación conceptual y verbal también es útil si se hace con rigor y constancia. Se trata de cambiar el «debería» por el «prefiero», la exigencia por la preferencia, pues no hay que olvidar que el lenguaje con que internamente nos hablamos a nosotros mismos (los automensajes) influye poderosamente en nuestros sentimientos y en nuestra conducta. Utilizando el ejemplo recién descrito, si yo aprendiera a decirme convincentemente: «Prefiero no desagradar a mis amigos, aunque a veces tenga que hacerlo por integridad y coherencia personales», no me sentiría culpable cuando me viera obligado a desagradarles por razones apropiadas.

La convicción de las preferencias que han reemplazado a mis «deberías» *no* será suficientemente firme mientras no me decida a comportarme en consecuencia, es decir —en el caso concreto de culpabilidades disfuncionales—, a repetir conductas que antes solían ocasionarme una culpabilidad infundada, alentado por mi nueva manera de pensar, por mis automensajes desculpabilizadores, hasta que el nivel de culpabilidad descienda notablemente o desaparezca por completo.

Conocí a un joven que se dejaba tiranizar por el «debería» de la puntualidad. Después de ayudarle a ver que la puntualidad era buena, pero que su culpabilidad en casos de impuntualidad era exagerada y disfuncional, le «receté» que deliberadamente, a ciencia y conciencia, faltase a la puntualidad, sin causar daño a nadie, tres veces por semana. A las pocas semanas, su problema se había desvanecido. Solía ser puntual, pero sus faltas de puntualidad ya no le preocupaban.

Para concluir, conviene aclarar que el enfoque propuesto en este capítulo no es aplicable a casos psicopatológicos extremos, como podrían ser los sádicos torturadores de *La lista de Schindler*, o psicópatas al estilo del doctor Hannibal Lecter en *El Silencio de los corderos,* que no suelen sentirse culpables por más barbaridades que cometan. Se cuenta de un mafioso que asesinaba, sin sentir el más mínimo remordimiento, a quien le ordenaba su «capo» y, sin embargo, lloraba copiosamente si se olvidaba de comprarle un ramo de flores a su mujer en el día de su santo. La ausencia de sentimientos de culpabilidad apropiados en estas personas es patológica.

Aquí, ya lo hemos dicho más de una vez, nos dirigimos solamente a «neuróticos normales», como el autor y sus lectores.

«Enséñame a perdonar»,
le pidió un discípulo al maestro. Y éste le respondió:
«Si no hubieras condenado,
no tendrías necesidad de perdonar»
(A. de Mello)

*
**

REFERENCIAS BIBLIOGRÁFICAS

BRANDEN, N., «La liberación de la culpa», en *Cómo mejorar su autoestima,* Paidós, Barcelona 1987, pp. 73-94.

ID., «El problema de la culpa», en *El respeto hacia uno mismo,* Paidós, Barcelona 1990, pp. 83-94.

DYER, W.W. «Las emociones inútiles: culpabilidad y preocupación», en *Tus zonas erróneas,* Grijalbo, Barcelona 1978, pp.125-147.

GARCÍA-MONGE, J.A. *Los sentimientos de culpabilidad,* Fundación Santa María, Madrid 1991, y otras *Notas* no publicadas.

6
Yo soy importante... y tú también

«Si yo no soy para mí, ¿quién será para mí?
Pero, si soy sólo para mí, ¿qué soy?»
(Soliloquio de Hillel)

Catalina reside y trabaja en una ciudad española de provincias. Es relativamente joven y está soltera. Tiene piso propio y lleva una vida activa e independiente. Profesionalmente satisfecha, se relaciona, en diferentes grados de intimidad, con diversos amigos y amigas. Hoy por hoy, ella lleva las riendas de su propia vida y es razonablemente feliz. Pero, hace un año, no era así: vivía en casa de su padre, gravemente enfermo, a quien cuidaba con gran solicitud, además de atender a su propio trabajo. Pero no era esto lo que la acongojaba, sino la situación de opresión en que se encontraba, debido a las injerencias y exigencias de hermanos y cuñadas, a los que Catalina no podía, o no sabía, hacer frente. Se dejaba manipular por ellos, con el pretexto de no disgustar a su padre, necesitado de unas atenciones y cuidados cuya carga recaía casi exclusivamente sobre ella.

Finalmente, murió su padre, y Catalina se sumió en un abatimiento muy próximo a la depresión. Privada de la presencia de un ser tan querido y del sentido de su vida, que hasta entonces había girado en torno a él, se sentía encadenada por las presiones e imposiciones de sus parientes e incapacitada para decidir libremente acerca de su vida y de su futuro. Sin embargo, tuvo la fortuna de encontrar a un interlocutor sabio y prudente que la ayudó a salir poco a poco del marasmo en que se encontraba. Aprendió a reconocer sus propios valores, sus recursos, su atractivo y su autonomía; a expresar abiertamente sus opiniones, sentimientos y necesidades; a afrontar sin temor las críticas de personas que tal vez la querían bien, pero la trataban mal... Aprendió, en una palabra, a reconocerse y tratarse a sí misma como una persona digna de todo respeto y a hacerse tratar como tal. Al principio, sus parientes creían que se había vuelto loca, pero poco a poco aprendieron a dejarla en paz. Catalina no ha resuelto todavía todos sus problemas personales, pero va camino de ello.

Posiblemente algún lector/a se vea, al menos parcialmente, reflejado/a en la situación de Catalina. Con este caso real y no infrecuente he querido subrayar la importancia de conjugar el íntimo sentimiento de valía personal, o autoestima, y la conducta sensatamente asertiva. La auténtica autoestima se manifiesta y se refuerza con la conducta asertiva. Y, así como la autoestima se confunde a veces con un sentimiento de superioridad, así también la conducta asertiva se confunde con un comportamiento agresivo hacia los demás. Lo cual no es cierto, como vamos a explicar.

Por «conducta asertiva», o *asertividad,* entendemos, pues, *no* el empeño por lograr lo que uno quiere sea como sea, por las buenas o por las malas, pese a quien pese, *sino* la decidida voluntad de una persona de hacer valer sus derechos, de expresar sus opiniones, sus sentimientos, sus deseos... cuando le parezca oportuno; y hacerlo de un modo claro, sincero, directo, apropiado y respetuoso, *sin violar los derechos de su interlocutor.* La persona asertiva transmite, de manera verbal o no verbal, mensajes como:

«Esto es lo que siento», «Esto es lo que opino», «Esto es lo que deseo»..., sin dominar, humillar o degradar al otro, y con gran consideración y cortesía.

La conducta asertiva se basa en el respeto hacia uno mismo y hacia el otro, en la consideración de los deseos y derechos propios y ajenos, en la predisposición a cumplir las reglas del juego y a ceder parcialmente si surgiera un conflicto. Es también un hecho que esta asertividad responsable y respetuosa suele facilitarnos el logro de nuestros objetivos, pues hay muchas personas de buena voluntad dispuestas a colaborar si se las trata con el debido respeto.

Carlota, ama de casa, con un marido enfermo, madre de tres hijos ya casados e independientes, ha acogido en su casa a su madre paralítica. Carlota tiene muy clara su responsabilidad como hija y esposa, y dedica generosamente tiempo y cariño al cuidado de su marido y de su madre. Pero también tiene muy claro que se debe a sí misma tiempos de descanso y distracción, y que otros miembros de la familia han de compartir la responsabilidad de cuidar a los enfermos. Consiguientemente, no tiene ningún reparo en llamar a sus hijos para que se ocupen de su padre y de su abuela cuando a ella le parece oportuno concederse un fin de semana para descansar y «recargar baterías» en la playa, cosa que le encanta, o irse de viaje con sus amigas. Hay personas de su entorno familiar que tal vez la critiquen por su «insensibilidad», pero ella no se deja amilanar por esas críticas infundadas. Carlota es un buen ejemplo de asertividad responsable.

La asertividad se entiende mejor cuando es vista en contraposición con otras dos posturas o actitudes: la *sumisión* y la *agresividad*. La *sumisión* consiste en expresar nuestras opiniones, sentimientos y deseos, o defender nuestros derechos, con insuficiente claridad y/o con excesiva timidez, o en no defenderlos ni expresarlos en absoluto, dando así ocasión a los demás a que no los tengan en cuenta y los violen. Obrando de esta manera, violamos nosotros mismos nuestros propios derechos, infravaloramos nuestra dignidad y acostumbramos a los demás a negarnos el respeto que nos es debido y a manipularnos.

La persona sumisa, mediante conductas verbales y no- verbales, transmite mensajes como: «Mis opiniones no valen gran cosa»; «Mis sentimientos no cuentan»; «Tú eres más importante»; «Puedes aprovecharte de mí»... La sumisión nace de una autoestima deficiente, de falta de respeto hacia uno mismo. En ciertas ocasiones, también implica una sutil falta de confianza en la capacidad del otro para encajar frustraciones y solventar sus propios problemas, como podría ocurrir, por ejemplo, cuando el sumiso no se atreve a rehusar las peticiones que se le hacen.

Es bien sabido en la empresa que uno siempre puede contar con Pánfilo para que trabaje horas extra... sin paga extra, por supuesto; para que se encargue de los trabajos más desagradables y tediosos; para que se enfrente con los clientes más difíciles; etc. Pánfilo no sabe decir «no» a ningún jefe o compañero que le pida un favor, aunque ello le suponga un engorro. Por eso es un personaje sumamente «popular» en la empresa, y casi todos alaban su servicialidad y piensan en él cuando quieren quitarse de encima alguna tarea desagradable; algunos, por supuesto, se burlan de él a sus espaldas.

Y lo malo es que el bueno de Pánfilo se comporta así, no por bondad o por gusto; lo hace por temor a lo que dirían de él si no lo hiciera, por miedo a que el jefe se enfade con él y no le ascienda, por no perder la estima y la consideración de sus compañeros... A lo largo de su vida, ha cultivado una fuerte dependencia del aprecio y aprobación de los demás, y no se siente valioso si no recibe regularmente dicha aprobación y dicho aprecio. Y, aunque a menudo se siente muy mal por dejarse engatusar tan fácilmente, y a veces se enfurece consigo mismo por ser tan débil, sigue accediendo a las peticiones que le llueven de todas partes. Aunque también es verdad que ese furor que a veces siente y reprime en la oficina explota de vez en cuando en el hogar, donde su sufrida esposa y sus atemorizados hijos pagan por faltas que no han cometido. Sumiso en la oficina, ocasionalmente se vuelve agresivo en el hogar...

La *agresividad* consiste en hacer valer derechos y deseos personales y expresar opiniones y sentimientos de manera irresponsable o irrespetuosa, por falta de sinceridad y claridad y/o por violar los derechos del otro. Lo que pretende la conducta agresiva es dominar y ganar a toda costa; forzar al otro, si es preciso, a perder, humillándolo y abrumándolo de forma que se sienta incapaz de defenderse de la agresión.

La persona agresiva no respeta a su interlocutor y le transmite, verbal o no-verbalmente, mensajes como: «Ésta es mi opinión, y tú eres un estúpido por no estar de acuerdo conmigo»; «Esto es lo que yo quiero, y lo que tú quieres carece de importancia»; «Esto es lo que yo siento, y lo que tú sientes no cuenta»...

Es triste constatar que en nuestro entorno proliferan las conductas agresivas; y no me refiero meramente al terrorismo y la delincuencia de que nos hablan a diario los medios de comunicación, sino, concretamente, a la agresividad cotidiana en las relaciones profesionales y personales. Wifredo es un buen ejemplo de persona que ha trepado a la cúspide de una conocida multinacional, gracias —según las malas lenguas— no sólo a su innegable competencia profesional e inmensa capacidad de trabajo, sino, especialmente, a su agresividad competitiva. Son ya proverbiales sus despiadados ataques a subordinados suyos que no han hecho las cosas a su gusto. No es infrecuente ver a su secretaria, por ejemplo, salir de su despacho con lágrimas en los ojos. Exige una perfección absoluta a sus empleados. Para él, «lo que está bien hecho, pero puede estarlo mejor, está mal hecho». No es de extrañar que siempre encuentre cosas que criticar. Por principio, nunca elogia a nadie.

Y lo peor es que su conducta en casa no es muy diferente. Su inflexible autoritarismo tiene amedrentados a su mujer y a sus hijos. Y, aunque es posible que, un día de éstos, ella o ellos, hartos de sus irracionales imposiciones y explosiones de furor, vuelen del nido (es un decir) para no volver, él sigue impertérrito «en sus trece». También es posible que, perteneciendo como pertenece al peligroso tipo «A» de personalidad, cualquier día sufra un infarto de muerte. Lo cual, dicho sea de paso, sería un alivio para muchos. En otras palabras, su agresividad crea multitud de problemas a los demás y a sí mismo, por mucho que haya alcanzado la cima de su profesión. Wifredo se considera superior a los demás, a los que menosprecia; carece, pues, de auténtica autoestima. Y es probable que, en el fondo, esté muy descontento de sí mismo.

Resumiendo y simplificando: para el *agresivo,* «sólo yo soy importante»; para el *sumiso,* «yo no tengo importancia alguna»; para el *asertivo,* en cambio, «tanto tú como yo somos importantes; así que vamos a dialogar».

Invitamos al lector a que se haga esta pregunta y la responda sinceramente: ¿Qué actitud predomina en mi manera de relacionarme, tanto en el ámbito familiar y afectivo como en el laboral: la asertiva, la sumisa o la agresiva? Teniendo en cuenta que puede ser diferente, según el ámbito de la relación, recuerde episodios concretos de su vida cotidiana, compare las ventajas y las desventajas de su actitud predominante y contraste sus conclusiones con un interlocutor de su confianza.

«Quiero amarte sin asfixiarte, apreciarte sin juzgarte,
unirme a ti sin esclavizarte, invitarte sin exigirte,
dejarte sin sentirme culpable, criticarte sin herirte
y ayudarte sin menospreciarte.
Si puedo obtener lo mismo de ti, entonces podremos
realmente encontrarnos y enriquecernos mutuamente»
(Virginia Satir)

*
* *

Proponemos otro sencillo ejercicio que ayudará a clarificar las ideas que acabamos de exponer. Consiste en formular un *perfil de la persona asertiva,* es decir, en describir brevemente los rasgos que, en nuestra opinión, la caracterizan. Comenzaremos la lista con unos cuantos rasgos que sirvan de punto de partida para que cada cual pueda componer su propio perfil. Así pues, la persona asertiva

* se siente libre para manifestarse tal como es cuando le parece oportuno y apropiado;
* es capaz de comunicarse abierta y cordialmente con toda clase de personas;
* sabe comportarse con dignidad en situaciones difíciles y con personas groseras e impertinentes;
* evita que le sigan «satélites y corifeos» sumisos y dispuestos a ser la «voz de su amo»;
* ... ... (aquí puede el lector añadir cuantos rasgos le parezcan apropiados).

John Powell, gran divulgador de la psicología, cuenta en uno de sus libros lo que le ocurrió al señor Harris cuando, en cierta ocasión, acompañaba a un amigo suyo a comprar el periódico. El amigo saludó al dueño del quiosco con suma cortesía. El quiosquero, por su parte, le contestó con brusquedad y pésimos modales. El amigo del señor Harris, mientras recogía el periódico que el otro le había arrojado de mala manera, sonrió amablemente y deseó al vendedor un buen fin de semana. Cuando los dos amigos reemprendían su paseo, el señor Harris le preguntó:

— ¿Te trata siempre con tanta descortesía?
— Sí, por desgracia.
— ¿Y tú siempre te muestras igual de amable?
— Sí, así es.
— ¿Y por qué eres tan amable con él, cuando él es tan maleducado contigo?
— Sencillamente, porque no quiero que sea *él* quien decida en qué quiosco he de comprar *yo* el periódico.

Esta anécdota ilustra cómo, bajo una aparente sumisión, puede darse en realidad una conducta asertiva, y cómo no hace falta ser duro para ser asertivo. También puede ocurrir que personas con una intención apropiadamente asertiva se expresen (con sus palabras, su tono de voz, etc.) de forma agresiva y dura, lo cual puede dañar, aun sin pretenderlo, la relación con el interlocutor. En tales casos, sería útil aprender pautas de expresión asertiva como las que proponemos más adelante en este mismo capítulo.

Otra situación posible y no demasiado infrecuente es la de aquellos que presionan e imponen sus propias opiniones y deseos con aparente dulzura y diplomacia: agresividad en la intención y suavidad en la forma; «mano de hierro en guante de terciopelo». Esta «agresividad blanda» es tanto o más perniciosa que la agresividad dura y se practica desde posiciones de poder incuestionable y de autoridad inaccesible, tanto a nivel institucional como a nivel familiar o individual.

Tanto la conducta asertiva como la autoestima son componentes de la madurez personal que se pueden aprender y desarrollar en mayor o menor grado, si nos convencemos de que valen la pena y nos lo proponemos seriamente. Hay muchas personas capaces de comportarse asertiva y responsablemente, pero que no suelen hacerlo, por la sencilla razón de que no están realmente convencidos del valor de la asertividad para su crecimiento personal y/o no saben cómo poner en práctica sus convicciones.

Así pues, comenzaremos formulando una serie de *creencias asertivas* (adaptadas de Lange y Jakubowski) que, convenientemente meditadas y personalizadas, dinamizarán el comportamiento asertivo del lector:

1. *La asertividad enriquece nuestro crecimiento personal e interpersonal.*

Es ésta una creencia básica que conviene especificar más detalladamente, como sigue:

a) Nos ganamos el respeto propio y el de los demás cuando defendemos responsable y respetuosamente nuestros derechos y nos damos a conocer libre y adecuadamente a los demás.

b) Intentar comportarse de manera que nunca se ofenda nadie, conduce generalmente a dañarnos a nosotros mismos y a los demás.

c) Cuando defendemos sensatamente nuestros derechos y expresamos directa, abierta y respetuosamente nuestros sentimientos, todos suelen salir beneficiados a la larga. Por otro lado, cuando humillamos y dominamos a otros, en general todos salimos perdiendo.

d) Si sacrificamos nuestra dignidad personal y reprimimos la expresión sincera y apropiada de nuestros sentimientos, nuestras relaciones interpersonales sufren o no prosperan tanto como podrían hacerlo. Por otro lado, cuando intentamos controlar al otro a base de hostilidad, intimidación o culpabilidad, nuestras relaciones interpersonales enferman y, con frecuencia, mueren.

e) Las relaciones interpersonales son más auténticas y satisfactorias cuando compartimos con el otro nuestras reacciones a sus conductas y no le impedimos que comparta las suyas con nosotros.

f) No hacer saber a la otra persona lo que pensamos y sentimos en nuestra relación es tan egoísta y destructivo como no prestar atención a sus pensamientos y sentimientos.

g) Cuando sacrificamos con frecuencia nuestros derechos, enseñamos a los demás a que se aprovechen de nosotros.

h) Cuando nos comportamos asertivamente, manifestando a los demás cómo nos afectan sus conductas, les damos una oportunidad de modificarlas y mostramos respeto a su derecho a saber a qué atenerse con respecto a nosotros.

2. *Todos tenemos el derecho a comportarnos asertiva-*
mente y a expresar honrada y respetuosamente nuestros
pensamientos, sentimientos y opiniones.

Desglosemos esta creencia básica de un modo más
pormenorizado:

a) Todos tenemos derecho a ser respetados por los demás,
quienesquiera que sean y por muy encumbrados que
estén.

b) Todos tenemos derecho a tener necesidades y deseos y
a que éstos sean considerados tan importantes como
los de los demás. También tenemos derecho a pedir
(*no a exigir* imperiosamente) que los demás satisfagan
nuestras necesidades, y a decidir si nosotros queremos
o no satisfacer las suyas.

c) Todos tenemos derecho a tener sentimientos de toda
clase (sentimientos, por ejemplo, de cansancio, de
alegría, de abatimiento, de sensualidad, de ira, de
soledad, etc.) y a expresarlos de manera que no violen
la dignidad y los derechos de los demás.

d) Todos tenemos derecho a decidir si queremos satisfacer
las expectativas de los demás o si preferimos actuar
de la manera que más nos convenga a nosotros, con
tal de no violar los derechos de los demás.

e) Todos tenemos derecho a formarnos nuestras propias
opiniones y a expresarlas libre y convenientemente,
si nos parece oportuno.

f) Podríamos añadir otros derechos, como el derecho a que
te den aquello por lo que has pagado; el derecho a
cometer errores; el derecho a que tus parientes no te
resulten simpáticos; el derecho a no reír los chistes
de los demás; el derecho a decidir la frecuencia de
tus visitas a familiares y amigos; etc., etc. (Invitamos
al lector a que añada otros derechos que él considere
auténticos y no hayan sido mencionados).

Huelga decir que estos derechos son comunes a todos los seres humanos, sin distinción de raza, color, religión, lengua, etnia, etc., y que, por tanto, conllevan la obligación mutua de respetarlos.

Habiéndonos convencido del valor de la conducta asertiva, conviene aprender conductas concretas que la manifiesten y la refuercen. He aquí, pues, un *repertorio básico de conductas asertivas responsables:*

1. *Asertividad positiva*

Esta forma de conducta asertiva consiste en expresar auténtico afecto y aprecio por otras personas; conducta que, aunque parezca mentira, les resulta bastante difícil a algunos, aun cuando sientan ese afecto y ese aprecio. En una entrevista, cuenta Daniel, hijo del gran cineasta sueco Ingmar Bergman, que, con ocasión del funeral por su querida esposa, uno de sus compatriotas le decía tristemente al sacerdote: «La amaba tanto que un día casi se lo dije...» Y apostillaba Daniel: «Esto es muy sueco». (Lo siento por las suecas, añade el autor).

La asertividad positiva supone que uno mantiene bien abiertos los ojos del corazón a lo bueno y valioso que hay en los demás, que siempre lo hay... Y, habiéndose dado cuenta de ello, la persona asertiva está dispuesta a reconocer generosamente eso bueno y valioso y a comunicarlo de manera verbal o no-verbal. También incluimos aquí la aceptación gozosa de los elogios sinceros y las muestras auténticas de cariño que nos brinden los demás. Pero de este tema hablaremos más por extenso en el próximo capítulo.

2. *Asertividad empática*

Este tipo de asertividad consiste en afirmar claramente nuestros derechos y expresar nuestros sentimientos negativos después de haber reconocido adecuadamente la situación o los sentimientos del interlocutor. Por ejemplo, estamos viendo una película interesante, pero hay dos personas en la fila de detrás cuyo cuchicheo nos molesta. Entonces nos volvemos y les decimos de buenas maneras: «Tal vez no os deis cuenta, pero vuestra conversación nos impide disfrutar de la película. Os ruego que os calléis, por favor». Esta conducta empática es frecuentemente eficaz, pues hay bastantes personas que responden positivamente si primero se les reconoce, se les entiende, se les habla de buenos modos... Y, por añadidura, el esfuerzo, por ser empático reduce la probabilidad de ser agresivo.

3. *Asertividad progresiva*

Si el otro no responde satisfactoriamente a la asertividad empática y continúa violando nuestros derechos, uno insiste con mayor firmeza y sin agresividad. Así, por ejemplo, si estuviésemos enfrascados en una conversación y llegase un amigo que se empeñara en que dejáramos de conversar y saliéramos a pasear con él, podríamos contestarle; «Ya sé que tanto a ti como a mí nos gusta salir juntos, pero estoy discutiendo asuntos importantes; de modo que hoy no voy a salir contigo». Si, a pesar de nuestra empatía, el amigo insistiera, podríamos responder en tono firme y no agresivo: «No, gracias. Quiero proseguir esta conversación sin que me interrumpas». Si siguiera insistiendo, tal vez deberíamos incrementar la firmeza no- agresiva de nuestra respuesta.

4. *Asertividad confrontativa*

El comportamiento asertivo confrontativo resulta sumamente útil cuando percibimos una aparente contradicción entre las palabras y los hechos de nuestro interlocutor. Entonces se describe objetiva y serenamente lo que el otro dijo que haría y lo que realmente hizo; luego se expresa claramente lo que uno desea. Por ejemplo, si hubiéramos prestado a un amigo un disco, a condición de que no se lo prestara él a nadie, y accidentalmente viéramos dicho disco en poder de un tercero, podríamos confrontar al amigo diciéndole: «Te lo presté con la condición, aceptada por ti, de que tú no se lo prestarías a nadie, y hoy he visto que lo tiene Fulano. ¿Qué ha pasado? ¿Por qué está en su poder? Recupéramelo, por favor, tan pronto como puedas». Con serenidad en la voz y en las palabras, sin tono de acusación o de condena, me limito a indagar, a preguntar, y luego expreso directamente un deseo legítimo.

5. *Enunciados en primera persona*

Son muy útiles para expresar asertivamente y sin agresividad sentimientos negativos hacia conductas ajenas, y nos ayudan a verificar si nuestros sentimientos provienen de una violación real de nuestros derechos o del deseo de imponer al otro nuestras expectativas. Para facilitar el aprendizaje de su utilización, exponemos los cuatro pasos de que consta dicho procedimiento: *describir* la conducta no deseada del otro; *expresar* el sentimiento negativo que nos provoca; *explicar* la conducta deseada; *comentar* las consecuencias beneficiosas del cambio deseado y, si éste no se produjera, las consecuencias negativas de tal posibilidad. Y todo ello con objetividad y serenidad en palabras, gestos y tono de voz.

Por ejemplo, un subalterno le dice a su jefe de departamento: «Pepe, tengo un problema: frecuentemente me pides que me quede a trabajar horas extra *(describir),* lo cual me viene muy mal y me hace sentirme molesto *(expresar)...* Quiero pedirte que planeemos cuidadosamente el trabajo cada mañana, de manera que no necesitemos hacer horas extra *(explicar)...* Si lo hacemos así, yo me sentiré mucho mejor, y tú tendrás el trabajo a tiempo; de lo contrario, yo seguiré sintiéndome mal, el trabajo seguirá saliendo con retraso, y mi motivación se verá muy reducida *(comentar)...*»

6. «Disco rayado»

Consiste en la *repetición ecuánime* de una frase que exprese claramente lo que razonablemente deseamos de la otra persona. Esta conducta asertiva nos permite insistir en nuestros legítimos deseos sin caer en trampas verbales manipuladoras del interlocutor y sin dejarnos desviar del tema que nos importa, hasta lograr nuestro objetivo. Por ejemplo, cuando un profesor quiere, con toda razón, que su director le diga claramente por qué nunca tiene en cuenta sus sugerencias en las reuniones de la facultad, y el director continúa dando evasivas, el profesor puede lograr su objetivo si, después de cada evasiva, repite sin alterarse: «Señor Director, quiero que me diga por qué nunca discute usted las propuestas que yo hago en las reuniones del profesorado...»

Un reconocido especialista en asertividad cuenta el caso de Alfredo, que ha engordado más de la cuenta. Su mujer, Patricia, con la loable intención de que su marido se decida a adelgazar, se dirige a él llamándole «Gordinflón», lo cual le molesta muchísimo a Alfredo. «Hola, Gordinflón, ¿qué tal te ha ido el día?»; o «¿Qué te parece que veamos en la tele esta noche, Gordinflón?»; etc. Hasta que Alfredo decidió responder repetida y tranquilamente a tales preguntas con la frase: «Me molesta mucho que me llames 'Gordinflón'; de manera que no volveré a hablar contigo cuando me llames así». Y perseveró en esta respuesta hasta que Patricia, que le quería, dejó de llamarle «Gordinflón». Y parece ser que entonces empezó Alfredo a esforzarse más seriamente por adelgazar...

Hubo un tiempo en que la asertividad tenía mala prensa, porque a veces se proponía y ejercía de manera demasiado abrupta y poco matizada, sospechosamente parecida a la agresividad. Afortunadamente, hay especialistas que enseñan lo que llaman el «arte de la *asertividad amable*», una versión ampliada de la asertividad empática antes descrita. Es decir, una asertividad que, sin perder de vista sus objetivos e insistiendo cuanto sea necesario para obtenerlos, trata siempre a su interlocutor con suma cortesía, consideración y amabilidad, motivadas, no por el miedo o la timidez, sino por el respeto que el otro le merece. Una asertividad que distingue entre situaciones relativamente triviales, como podría ser la interacción con una dependienta en unos almacenes, y relaciones verdaderamente significativas, como son a menudo las relaciones en familia o en pareja, adaptando las destrezas aprendidas a cada situación, según la importancia que le merezca. Es importante saber cómo y cuándo poner en práctica la asertividad adquirida, y es igualmente importante tener la discreción necesaria para decidir cuándo, pudiendo hacerlo, es más sabio y prudente no ponerlas en práctica.

«La asertividad auténtica es amable e in-ofensiva en casi todas las situaciones. Utiliza el mínimo de fuerza necesaria para transmitir el mensaje que desea, y sólo sube de tono, y muy gradualmente, si la primera vez no se ha entendido, y únicamente cuando parece prudente hacerlo. La interacción asertiva ideal es aquella en la que los participantes acaban sintiéndose mejor que antes» (S. Neiger y E. Fullerton).

Consideremos un caso de interacción de pareja. Marta, madre de dos hijos pequeños, desea pedirle a su marido que una tarde por semana sea él quien les dé de cenar y los acueste, para que ella pueda dedicar ese tiempo libre a sus cosas. Una conducta sumisa y poco efectiva por parte de Marta sería enfadarse interiormente, poner «cara larga» y no expresar lo que desea. Una reacción agresiva sería espetarle una tarde al marido en tono de exasperación: «¡No tienes ni idea de lo agotada que acabo cuidando a los pequeños cada tarde, mientras tú estás ahí tumbado a la bartola, bebiendo cerveza y mirando la tele! ¡Estoy hasta el moño! ¡De ahora en adelante, *tú* te encargarás de ellos todos los jueves!» Una respuesta asertiva sería: «Me encantaría tener una tarde libre cada semana. ¿Podrías hacerme ese favor los miércoles o los jueves?» Y, finalmente, una respuesta amablemente asertiva: «Lo he estado pensando, y realmente me gustaría mucho tener una tarde libre a la semana para mis cosas. Y, como no podemos permitirnos una niñera, tú tendrías que ocuparte de los niños esas tardes. Sé que tú también tienes tus gustos y tus planes, pero ¿qué te parece si lo discutimos este fin de semana?»

Advirtamos que, en la respuesta amablemente asertiva, Marta tiene muy en cuenta los gustos del marido y no quiere en modo alguno dañar la relación de pareja. Por eso expresa con cariño y con flexibilidad, pero también con suficiente claridad, su legítimo deseo.

Sobre la asertividad responsable se ha escrito mucho y bien. En las *Referencias Bibliográficas* encontrará el lector abundantes ejemplos y ejercicios. Y, para concluir, una advertencia: las pautas de conducta asertiva que hemos propuesto, probablemente le resultarán artificiosas y de dudosa efectividad a más de un lector, el cual se mostrará reacio a ponerlas en práctica. Así me parecieron a mí cuando supe de su existencia; sin embargo, he aprendido su valor y eficacia practicándolas asiduamente con sensatez y sin agobios, adaptándolas a mis circunstancias y temperamento, hasta que algunas de ellas han llegado a formar parte espontánea de mi conducta habitual. Invito al lector a que no las infravalore ni las rechace sin antes haberlas entendido y practicado seriamente. Indudablemente, contribuirán a fortalecer su autoestima.

«La conducta asertiva se funda en el respeto:
el respeto a uno mismo, a los demás
y al sistema de valores de cada uno»
(Cotler y Guerra)

*
* *

REFERENCIAS BIBLIOGRÁFICAS

ÁLVAREZ, R.J., *Para salir del laberinto. Cómo pensamos, sentimos y actuamos,* Sal Terrae, Santander 1992, pp. 69-112.

AUGER, L., *Ayudarse a sí mismo aún más,* Sal Terrae, Santander 1992, pp.55-83.

DYER, W.W., *Evite ser utilizado,* Grijalbo, Barcelona 1979.

FENSTERHEIM, H., *No diga «sí» cuando quiera decir «no»,* Grijalbo, Barcelona 1976.

RODRÍGUEZ, M. y SERRALDE, M., *Asertividad para negociar,* McGraw-Hill, México 1991.

7
El arte de criticar y de elogiar

«Si hay en el mundo algo especialmente difícil
y para lo que, sin embargo, nos sentimos perfectamente
preparados, es el arte de criticar»
(J.L. Martín Descalzo)

La *crítica* y el *elogio* son otras tantas formas de impartir o denegar *afirmación* a los demás y, de este modo, facilitar o dificultar el desarrollo de su autoestima. Nuestra autoestima y la de nuestros interlocutores también se dejan influir por la forma de recibir elogios y/o críticas. De ahí la importancia de aprender el arte de impartirlos y de recibirlos.

Cómo impartir críticas

«La crítica destructiva transmite mensajes globalmente condenatorios, a diferencia de la crítica constructiva, que introduce la connotación negativa específica dentro de un contexto general positivo. La crítica destructiva ataca a la persona sin dejarle ninguna salida, mientras que la crítica constructiva no se dirige hacia la persona, sino hacia aquellas acciones específicas que sí pueden modificarse» (*R.S. Lazarus*).

Entendemos por «crítica» aquellos comentarios que destacan aspectos negativos de una persona o de su conducta y manera de ser. Comentarios que, por supuesto, pueden ser constructivos o destructivos, relevantes o irrelevantes, frívolos o serios, oportunos o inoportunos, cara a cara o a espaldas del criticado... Entre dichos comentarios se incluyen represiones, denigraciones, descalificaciones, calumnias, recriminaciones, amonestaciones, cotilleos, etc., etc.

Vivimos en una sociedad muy mal pensada: «piensa mal y acertarás», recomienda la «sabiduría» popular. Una sociedad sumamente «criticona» y descalificadora, que muchas veces no distingue entre la persona, siempre digna de respeto, y su conducta, no siempre irreprochable. Parece como si nos encantara «etiquetar» negativamente al prójimo. «Por un perro que maté, 'Mataperros' me llamaron». Basta con observar cómo determinados columnistas de periódicos o comentaristas de radio se dedican a descalificar ignominiosamente, a diestra y siniestra, a todos aquellos que, según sus criterios subjetivos, «no dan la talla». Esta práctica denigratoria e indiscriminada es el pan nuestro de cada día en la palestra política, que, según un conocido comentarista, «ya no es un debate de ideas, sino un navajeo público».

Últimamente, en nuestro país, la tribu literaria ha dado un espectáculo bochornoso de insultos e invectivas personales. Y con esta ocasión se ha escrito que «la práctica de una especie de linchamiento moral cotidiano forma parte del mensaje diario de un sector de los medios de comunicación», donde no se distingue entre el ataque a una idea y la embestida contra su autor. Y se ha recordado, muy a propósito, la admiración que sentía George Bernard Shaw, que no tenía precisamente pelos en la lengua, «hacia quienes son capaces de destruir una idea sin rozar la piel de su autor».

Otro tanto ocurre, desgraciadamente, en muchas familias, comunidades educativas y equipos de trabajo, donde a menudo prevalece la mentalidad del «lápiz rojo», que se regodea subrayando inmisericordemente los errores de los demás; o la mentalidad de «teclas negras», que se empeña en tocar el piano sólo con dichas teclas negras, como si las blancas, mucho más numerosas, no existieran (donde las teclas negras simbolizarían los defectos, y las blancas las cualidades). También en estos círculos abunda la agresividad verbal —frontal o solapada— esgrimida en nombre de una sinceridad mal entendida o mal intencionada, como la de aquellos o aquellas que se jactan de cantar las verdades del barquero al lucero del alba, de llamar al pan, pan, y al vino, vino; y si no le gusta, que se fastidie...

> «*En el hombre hay más cosas
> dignas de admiración que de desprecio*»
> (A. Camus)

*
**

El arte de criticar, dice Martín Descalzo en su magnífico artículo sobre este tema, es «uno de nuestros deportes favoritos... Critican los hijos a los padres, los padres a los vecinos, los gobernados a los gobernantes, los españoles a los españoles, y los franceses al resto del mundo». Y lo peor del caso es que esta actitud crítica negativa se presenta a veces como algo digno de mérito. Hablando de un eminente y legendario director de orquesta, recientemente se afirmaba en un importante rotativo de nuestro país: «Nadie se libra de su lengua viperina: ni los músicos de renombre, ni los compositores consagrados, ni tampoco los políticos». Debe de ser un señor muy divertido..., con tal de que no se meta conmigo.

Por cierto que un agudo columnista, en otro periódico de ámbito nacional, nos hacía caer en la cuenta de dos sutiles variedades de crítica, muy frecuentes, según él, en el mundo de la política, de las artes y de las letras (y también, añado yo, en la vida cotidiana de cualquier ciudadano), a saber:

a) *Denigrar a Fulano alabando a Mengano,* como cuando decimos: «Su pobre mujer es una santa», sugiriendo que el marido en cuestión es un bellaco. Por eso conviene a veces preguntarse: ¿Contra quién va ese elogio?

b) *Criticar la competencia profesional de una persona alabando alguna de sus aficiones,* como cuando, a la pregunta sobre la actuación de un destacado político, se responde que «juega muy bien al mus» o que «cuenta muy bien los chistes»... Me parece oportuno alertar al lector de que todos —el autor incluido— podemos caer en estas formas sutiles de denigración sin apenas darnos cuenta, pero con daño para el denigrado.

En esta situación, yo me pregunto: ¿Qué pasaría si en nuestra familia, en nuestra comunidad o en nuestro equipo de trabajo practicáramos durante una comida al día, un día a la semana, una semana al mes... la *abstinencia total de críticas*? ¿Se hundiría el mundo? ¿Se resquebrajarían los cimientos de la institución? No lo creo; aunque sí creo que, a lo mejor, no sabríamos de qué hablar. Y, en consecuencia, yo propondría una moratoria, una tregua indefinida a la crítica... hasta que aprendiéramos el arte «endiabladamente complejo» (así lo llama Martín Descalzo) de criticar constructivamente.

«Endiabladamente», porque la palabra «diablo», de origen griego, sugnifica «acusador calumnioso»: ésa es precisamente la función del diablo en el estremecedor *Libro de Job*. Y, sin embargo, la palabra «criticar» tiene una raíz, también griega, que significa «juzgar», «medir», «valorar», «acrisolar»... No es cuestión, por tanto, de subrayar meramente lo negativo y reprochable de aquello que se critica, sino de valorar equilibradamente tanto lo positivo como lo negativo, utilizando sabiamente el lápiz rojo y el azul, las teclas negras y las blancas.

*«Si rebosa una jarra llena de vinagre, rebosará vinagre,
y si rebosa un jarra llena de miel, rebosará miel»*
(A. López Caballero)

*
**

Conviene, pues, redefinir la crítica. Y, al hablar de
«crítica constructiva», nos referimos al hecho de comunicar
información a otros de tal modo que puedan usarla en
beneficio propio... y de los demás. La crítica constructiva
es un instrumento verbal para favorecer el desarrollo de
las relaciones personales, *no* un instrumento de venganza
para herir y molestar al prójimo. Lo triste del caso es que,
en la práctica, la crítica se entiende y se ejerce con demasiada frecuencia como una forma de venganza, de re-
vanchismo, de contraataque... ¿Tiene que ser así necesariamente? ¿Es útil y provechoso para la convivencia que
así sea?

Invitamos al lector a que haga una pausa, se relaje
mentalmente y recuerde un episodio de su propia vida en
que se sintiese duramente, hirientemente criticado. Des-
críbalo detalladamente por escrito, a ser posible, y visua-
lícelo tan vivamente como pueda, hasta experimentar algo
del dolor que le produjo. Pregúntese si esa crítica hiriente
tuvo un efecto negativo o positivo en su desarrollo personal
y relacional a corto, medio o largo plazo. Pudo ocurrir que
la crítica tuviese un efecto positivo a corto plazo, aunque,
tal vez, poco duradero. También pudo ocurrir, por el contrario, que le hiciera más daño que provecho. Soy de la
opinión de que una crítica dura que brote del deseo de
herir al criticado suele hacer más mal que bien, y no está
justificada por el posible provecho que, debido a su fortaleza de carácter, pueda obtener de ella el criticado.

Nunca he olvidado la despiadada crítica que un compañero mío de estudios recibió, hace ya muchos años, de
un eminente profesor, el cual se limitó a escribir en el

trabajo presentado por el alumno las siguientes palabras: «Su problema, señor mío, es que padece de estreñimiento mental y diarrea verbal»; ironía muy celebrada por aquellos a quienes no iba dirigida, pero que amargó al destinatario y no le ayudó en absoluto a mejorar su rendimiento académico. Una bofetada verbal de ese calibre es, sencillamente, injustificable, por muy pobre que fuera el trabajo presentado.

Invitamos también al lector a que contabilice aproximadamente las veces que en los últimos dos meses haya criticado dura o frívolamente a otras personas, cara a cara o a sus espaldas. Tal vez se alarme ante su capacidad de crítica negativa... y se corrija.

Inspirándonos en las fuentes mencionadas al final del capítulo, proponemos ahora ciertas pautas para aprender a criticar afirmativamente; pautas sensatas y practicables, aunque no siempre fáciles al principio, sobre todo si nos hemos habituado a criticar indiscriminadamente. Distinguimos tres momentos: un *antes,* un *durante* y un *después* de la crítica.

Antes de la crítica

a) Conviene no olvidar que *no tenemos derecho a criticar si no estamos dispuestos a elogiar,* como nos recuerda Martín Descalzo: «Un padre que jamás elogia las cosas que su hijo hace bien, ¿qué derecho tiene a reñirle cuando se equivoca? Un jefe que jamás estimula a sus colaboradores, ¿no se priva a sí mismo de razón para criticarlos cuando fallan? La crítica verdaderamente valiosa es la de quien, estando en principio siempre dispuesto al elogio, se ve, en algún caso, obligado a criticar». En suma, uno tiene derecho a criticar lo que ama y, por lo tanto, el deber de criticarlo con amor.

b) Es importante que, antes de emitir una crítica, *nos preguntemos seriamente por nuestra parte de responsabilidad* en lo que queremos criticar, pues es probable que también nosotros seamos corresponsables de la situación. Si, por ejemplo, no hemos sabido crear un ambiente acogedor y agradable en el hogar, tal vez no sea justo reprender demasiado duramente al hijo que suele volver tarde a casa.

c) Es útil *delimitar claramente el comportamiento concreto* que deseamos criticar o corregir. Decirle al marido, por ejemplo, que sus repetidos «olvidos» a la hora de hacer la compra, cuando le toca hacerla a él, le complican mucho el trabajo a su mujer y la irritan sobremanera, parece normalmente más apropiado y eficaz que acusarle duramente de ser un irresponsable que no muestra ningún interés por el hogar.

d) Es aconsejable *considerar la posibilidad de cambio del comportamiento* que se desea criticar. Porque ¿para qué criticar lo que la persona criticada no puede cambiar, bien sea porque se trata de un hecho ya pasado e irreversible, o bien porque se trata de algo que, en una situación concreta, no se puede, en la práctica, modificar? A no ser que el crítico desee no tanto el bien del criticado cuanto lograr que éste se sienta mal. El llamado «derecho al pataleo» nos parece de dudosa eficacia para ayudar al «pataleado» a mejorar su conducta.

e) Si lo que se pretende es el bien del criticado y de la relación, recomendamos encarecidamente la decisión de *no criticar motivados por sentimientos de hostilidad.* Como nos decía hace años R. Lombardi, si en una reunión sientes la urgencia de criticar a alguno de los presentes motivado por el odio o el resentimiento, «cierrra el pico» hasta que tus sentimientos se serenen y te permitan criticar afirmativamente, si todavía lo consideras oportuno. De lo contrario, es probable que digas cosas de las que luego tengas que arrepentirte o avergonzarte y que, además, contribuyan poco o nada a la solución del problema.

Weisinger y Lobsenz, en el excelente libro mencionado al final de este capítulo, comentan: «Si, al ofrecer una crítica, nuestros sentimientos son de hostilidad, ansiedad o afán de castigo, nuestras observaciones quedarán inevitablemente teñidas por ellos. Una actitud negativa es difícil de ocultar, y lo más probable es que la persona a quien nos dirigimos reaccione ante nuestra actitud emocional y no ante las palabras que pronunciamos» (p. 88).

f) Y, por fin, antes de criticar conviene *elegir cuidadosamente el lugar y el momento* psicológica y físicamente adecuados para que la crítica sea verdaderamente constructiva. Pues si, por ejemplo, se reprende a un subordinado delante de sus compañeros, la crítica suele ser más destructiva y menos eficaz a largo plazo.

Durante la crítica

a) *Para comenzar, es importante empatizar,* es decir, reconocer realmente lo que haya de positivo en el comportamiento e intención de la persona criticada. Remitimos al lector a la *asertividad empática* descrita en el capítulo 6 y a la cita de Lazarus al comienzo de este capítulo: la crítica constructiva «introduce la connotación negativa específica dentro de un contexto general positivo». El aprendizaje de esta práctica nos parece digno de todo esfuerzo, si realmente deseamos que nuestras críticas sean afirmativas.

b) También conviene *describir claramente el comportamiento criticado,* para que la persona objeto de la crítica sepa exactamente de qué se trata y pueda, si lo desea, poner remedio a la situación sin necesidad de sentirse globalmente descalificada.

c) Así pues, *evitemos a toda costa descalificaciones globales,* amenazas, acusaciones, sarcasmos, ironías y comparaciones humillantes. Las ironías suelen ser divertidas para aquellos a quienes no van dirigidas; pero a nadie le agrada ser objeto de una crítica sarcástica. Y cuando lo somos, nos sentimos tentados a responder con la misma moneda, lo cual puede ser un alivio pasajero y una complicación añadida.

d) Hay que cuidar, por consiguiente, los *gestos no-verbales,* evitando aquellos (dedo índice acusador, tono de voz agresivo, miradas duras, posturas distantes, etc.) que pueden ser más hirientes que las meras palabras, y utilizando, en cambio, aquellos otros que transmitan solicitud e interés auténtico por el criticado. Conozco el caso de un profesor universitario, persona inteligente y cultivada, que, siendo adolescente, cuando llevaba a casa las notas del colegio y se las mostraba a su padre, éste, si dichas notas no llegaban a la altura que él esperaba de su hijo, se las devolvía sin decir palabra, adoptaba una expresión adusta y no le hablaba en dos días. El hijo, que no quería entristecer a su padre, se sentía muy mal, pero no logró mejorar su rendimiento escolar hasta que ingresó en un internado, fuera del contacto directo y frecuente con su bienintencionado padre... Los gestos pueden ser más demoledores que las meras palabras.

e) Tampoco es eficaz *insistir «ad nauseam» y machacar* al criticado, que en tales casos suele «desconectar» y dejar de prestar atención a lo que se le dice.

f) Con tantas condiciones, ¿cómo será posible criticar constructivamente cuando parezca oportuno? Recomendamos la utilización de los *enunciados en primera persona,* de los que ya hemos hablado en el capítulo 6 y que, en resumen, consisten en describir tan objetiva y serenamente como se pueda la conducta que se desea criticar, los sentimientos que ésta desencadena en uno y las consecuencias que se derivan de ella, para después proponer al criticado el cambio de conducta deseado.

Pacomio, por ejemplo, es un joven muy interesado en su desarrollo personal y que asiste a nuestros cursillos, durante los cuales suele, con demasiada frecuencia, hacer preguntas poco relevantes y comentarios oscuros y prolijos que provocan la irritación y el tedio de quien imparte el cursillo y de quienes asisten al mismo. Como organizador de estos cursillos, es mi responsabilidad advertirle respetuosamente para que se corrija. Utilizando el enunciado en primera persona, podría hacerlo así:

«Mira, Pacomio, me hago cargo de tu interés en los cursillos y de tu esfuerzo por aprovecharlos al máximo. Lo que pasa es que, cuando te enrollas en preguntas que nos parecen irrelevantes y en comentarios interminables, nos sentimos incómodos y hasta irritados. No me extrañaría que tú mismo te dieses cuenta. Te propongo que pienses mejor antes de preguntar y que prestes más atención a lo que se te responda. De ese modo, el cursillo discurrirá más ágilmente, el grupo no se sentirá frustrado, y probablemente tú saques más provecho. De lo contrario, tus intervenciones se hacen repetitivas y pesadas y bloquean el proceso». De hecho, así lo hice, y Pacomio, sin sentirse herido, al parecer, respondió positivamente a la crítica.

Después de la crítica

1. El crítico responsable y afirmativo está dispuesto a *colaborar con la persona criticada,* si ésta lo acepta, en sus esfuerzos por modificar su conducta. No se limita, pues, a verter la crítica y esfumarse al instante, como si no le importase un comino lo que le pueda acontecer al criticado. Ofrece su colaboración, no la impone, y está preparado a dialogar hasta llegar a soluciones mutuamente satisfactorias.

Recuerdo el caso ejemplar de Consuelo, supervisora de estudiantes de magisterio, que, después de haber observado atentamente la clase impartida por una de dichas estudiantes, solía invitarla a su despacho y hacerle tres preguntas: a) En tu opinión, ¿qué es lo que has hecho bien en la clase? b) ¿Qué crees tú que podrías mejorar?

c) Finalmente, ¿en qué puedo ayudarte yo, si lo deseas? Una forma respetuosa y pedagógica de ayudar a la estudiante a darse cuenta por sí misma tanto de sus aciertos como de sus desaciertos, y de ofrecerle su colaboración para hacerlo mejor en el futuro.

2) Finalmente, compete al crítico afirmativo *agradecer los resultados positivos* de su crítica y alentar al criticado a mejorar su conducta.

Cómo recibir las críticas

Una crítica bien encajada puede ser sumamente afirmativa y saludable, aunque duela de momento. Ofrecemos unas cuantas sugerencias propuestas por Pilar Aparicio en sus excelentes *Notas* sobre el tema:

1. Para recibir afirmativamente las críticas, solicitadas o no solicitadas, bien o mal intencionadas, es más provechoso *no contraatacar* precipitadamente, como suele hacerse, sino *analizarlas* primero con serenidad, porque, si la crítica ha dado en el blanco, conviene tenerla en cuenta para mejorar nuestra conducta. El contraataque precipitado puede ser un alivio temporal que apenas contribuye a nuestro crecimiento personal.

Podemos analizarlas en diálogo respetuoso con el crítico: a) formulando *preguntas exploratorias* que no se puedan interpretar como amenazas veladas y que se centren en el tema de la crítica o en el comportamiento del criticado, no en el crítico. b) *Pidiendo ejemplos,* no para poner a prueba la crítica o la buena intención del crítico, sino con el sincero deseo de aclarar el comportamiento criticado.

2. *Solicitar sugerencias* y alternativas al crítico también es provechoso, pues el crítico responsable y afirmativo puede tener conocimientos valiosos que desconozca el criticado. De esta manera, también el crítico suele sentirse más satisfecho por haber aportado algo positivo.

3. Y, desde luego, *reconocer abiertamente nuestros errores,* aceptarlos claramente y sin ambages. *«Admito que he cometido un error»* son seis palabras sumamente importantes en las relaciones personales, si se dicen a tiempo y con toda sinceridad, evitando justificaciones prolijas y sin olvidar que todos tenemos derecho a cometer errores, con tal de que aceptemos las consecuencias.

4. Finalmente, *no ceder a críticas manipuladoras* o malintencionadas. Dejarse manipular no es ninguna virtud, sino todo lo contrario. En tales casos, conviene comportarse con dignidad, sin descender al nivel del otro ni tragarse el anzuelo del sarcasmo o de la hostilidad, que nos tientan a responder con la misma moneda. Si creemos que la crítica es irrelevante y no merece un análisis, lo mejor es hacer caso omiso de ella y, sin inmutarse, dejar que «nos resbale». Lo eficaz, frente a una crítica manipuladora, es escuchar el comentario sin aceptar el desafío latente ni enredarse en una discusión acalorada. Al fin y al cabo, todo el mundo tiene derecho a equivocarse... ¡sobre todo, mis críticos!

«Banco de niebla» es el nombre de una técnica (satisfactoriamente utilizada por el autor de vez en cuando) que consiste en no permitir que las puyas persistentes de un crítico manipulador hagan mella en el criticado. Podría ser el caso de una joven ya madura y económicamente independiente que, después de haberlo meditado suficientemente, hubiera decidido dejar el hogar paterno e instalarse por su cuenta, a pesar de que sus buenos y queridos padres (bien atendidos, por lo demás) le echen en cara con frecuencia su falta de sensibilidad filial y su egoísmo. La joven, que, por supuesto, no piensa abandonarlos, tampoco desea enzarzarse en discusiones acaloradas e interminables, como tal vez desearían ellos; y así, cada vez que se lo reprochan, reconoce lo que puede haber de verdad en lo que le dicen, se niega a «devolverles la pelota» y se mantiene firme en su decisión... hasta que, tarde o temprano, dejan de incordiarla.

*
**

Cómo impartir elogios

Los elogios suelen considerarse como algo positivo; y, sin embargo, es un hecho que no todos lo ven así. Depende en buena medida de la actitud del que los imparte y de la manera como lo hace. Y, así como existe el arte de la crítica afirmativa, también existe el arte del elogio afirmativo, es decir, el elogio capaz de confirmar la autoestima de la persona elogiada. Pilar Aparicio, maestra en ambas artes, invitó a los participantes de un seminario a que escribieran lo que sentían al ser elogiados. He aquí algunos de los comentarios que recogió:

«Cuando alguien me elogia, sobre todo si es mi supervisor, tengo la impresión de que me quiere manipular»; «Suelo pensar para mis adentros: 'eso lo dice para que trabaje más'»; «Suelo preguntarme qué es lo quiere de mí»...; y otros por el estilo. Invitamos al lector a que reflexione y constate cuál es su reacción cuando recibe elogios.

Ante todo, conviene que el elogio realmente afirmativo sea *sincero y auténtico:* NO hay que inventar ni exagerar; NO hay que ofrecer el elogio como «pago adelantado» para ser aceptado por la persona elogiada; NO hay que utilizarlo con el fin de persuadir al otro a que nos conceda un favor NI ofrecerlo como preludio balsámico a una crítica hiriente y destructiva.

Una *regla fundamental* en el arte de elogiar es la siguiente: *describir, no evaluar; relatar, no enjuiciar.* Creemos que es más eficaz decirle a una persona cuyos dibujos nos agradan: «Me gustan mucho tus dibujos, especialmente los árboles», que decirle: «Eres un dibujante fenomenal». La primera frase es una afirmación específica, elogiosa y digna de crédito; la segunda es, probablemente, una exageración bienintencionada, pero poco creíble.

El elogio evaluativo —como podría ser el de un directivo que, en tono paternalista y condescendiente, le dice a un subalterno: «Bien hecho, Fulano; siga usted así, y llegará lejos en nuestra empresa»— puede fácilmente, si el elogiado se lo toma en serio, producirle ansiedad y nerviosismo, o bien, si duda de la sinceridad del directivo, escepticismo y hasta resentimiento.

El elogio que no hace resaltar el carácter o la personalidad del elogiado facilita a éste la posibilidad de equivocarse sin temor o de corregirse sin ansiedad. Nos parece más eficaz decir: «¡Bravo! Tu tiro ha dado en el blanco», que «Tienes una puntería de campeón olímpico». Creemos que es más afirmativo elogiar una conducta específica sin evaluar, ni siquiera positivamente, a la persona en su totalidad. Si un muchacho encuentra el billetero que habías perdido y te lo devuelve, es más efectivo decirle: «Gracias por encontrar y devolverme el billetero; me has ahorrado muchas preocupaciones» (además de darle una propina), que decirle: «Eres un chico muy honrado. Ya podían ser todos como tú». A una persona que dedica su tiempo y sus energías a hacer compañía a las personas mayores en el hospital, es más efectivo decirle: «Me encanta ver cómo das conversación a los ancianos», que decirle: «Eres un santo».

Acabo de leer un episodio ocurrido en la vida de Pablo Casals que ilustra la diferencia entre el elogio evaluativo y el elogio descriptivo. Cuando un joven violoncelista llamado Gregor Piatigorsky conoció por primera vez al ya por entonces celebérrimo Casals, éste pidió al joven que interpretara algo. Piatigorsky estaba tan nervioso que, durante la ejecución de la sonata, llegó a interrumpirse en algún momento; al acabar, estaba sinceramente convencido de que lo había hecho fatal. Pero la reacción de Casals consistió en aplaudir y exclamar: «¡Bravo, maravilloso!». Piatigorsky contaba después: «Me fui malhumorado y perplejo. Sabía lo mal que había tocado. ¿Por qué me alabó el maestro de una manera tan exagerada y tan embarazosa para mí?»

Cuando, años más tarde, los dos grandes violoncelistas se volvieron a encontrar, Piatigorsky le dijo a Casals lo mal que se había sentido cuando le alabó tanto en su anterior encuentro. Casals, muy enfadado, tomó el «cello» y le dijo: «¡Escucha! —mientras tocaba un fragmento de Beethoven— ¿No es cierto que lo tocaste de esta manera? Aquello era algo nuevo para mí...» Y el maestro acabó la pieza destacando todo lo que le había gustado de aquella actuación de Piatigorsky. El joven violoncelista dijo aquella tarde: «Salí con el sentimiento de haber estado con un gran artista y un gran amigo».

En ambas ocasiones, Casals buscaba el mismo objetivo: reconocer el gran talento del joven músico. Pero los métodos y los resultados fueron distintos. La primera vez utilizó el elogio evaluativo (¡Estupendo! ¡Magnífico!), y Piatigorsky se sintió perplejo, molesto y enfadado. La segunda vez, Casals le ofreció un reconocimiento descriptivo de su destreza musical, y Piatigorsky se sintió profundamente conmovido y afirmado.

En conclusión, es más afirmativo utilizar *enunciados en primera persona,* expresando claramente nuestros sentimientos y pensamientos positivos, afirmativos y sinceros, acerca de aspectos o hechos concretos de la persona elogiada, que evaluarla globalmente. Como hemos advertido en otras ocasiones, *¡ojo con el verbo ser!*

No se trata, por supuesto, de encorsetar nuestra espontaneidad cuando brindemos elogios, sino de educarla para que éstos sean más efectivos y más afirmativos. Sugerimos al lector interesado que empiece cuanto antes a formular elogios siguiendo las pautas propuestas. A medida que las practique, serán más espontáneas... y más gratificantes, tanto para el que imparte el elogio como para el que lo recibe.

Cómo recibir elogios

Proponemos dos sencillas reglas. En primer lugar, y en palabras de Pilar Aparicio, *deje que calen en usted* si no tiene razón para pensar que no son sinceros. Saboréelos sin darles mayor ni menor importancia de la que parezcan tener. Y reconózcalo con su primera respuesta, que puede consistir en unas palabras sencillas, como: «Gracias; me alegra que me lo hayas dicho», y/o en una simple mirada, una sonrisa, etc.

Nuestra capacidad para acoger y saborear el elogio beneficia no sólo al que recibe el elogio, sino también al que lo imparte. Las relaciones interpersonales afirmativas dependen considerablemente de que ambas partes sean capaces de intercambiar expresiones de aprecio y de respeto mutuo. El elogio repetidamente no reconocido y/o minusvalorado puede conducir a que dejen de elogiarnos (perdiendo así un importante recurso), pues al no reconocerlo le estamos diciendo implícitamente al que nos elogia que su opinión no tiene valor para nosotros.

En segundo lugar, *no conviene lanzarse a devolver el elogio,* como a menudo se suele hacer, pues la preocupación por pensar en algo elogioso que decir a cambio interfiere con nuestra capacidad para que el elogio cale en nosotros. Aunque también es verdad que en ciertas ocasiones, después de haber dejado que cale en nosotros el elogio recibido, puede ser oportuno que correspondamos con otro elogio, con tal de que lo hagamos, no por obligación, sino por el deseo auténtico de elogiar al otro.

«Estos sencillos gestos de elogioso
reconocimiento descriptivo elevan la autoestima,
refuerzan la motivación y fortalecen las relaciones»
(R. Bolton)

*
**

REFERENCIAS BIBLIOGRÁFICAS

APARICIO, P., *Notas sobre críticas y elogios (material fotoco-piado)*.

LÓPEZ CABALLERO, A., «Crítica constructiva y crítica destructiva»: *Mensajero* 1.150 (Agosto-Septiembre 1986) 18- 20.

MARTÍN DESCALZO, J.L., «El arte de criticar», en *Razones para vivir,* Ed. Atenas, Madrid 1990, pp. 38-42.

WEISINGER, H. y LOBSENZ, M.N. *Nadie es perfecto. Cómo criticar con éxito,* Grijalbo, Barcelona 1983.

8
Pygmalión y Galatea en el aula

El «efecto Pygmalión»

«Para el profesor Higgins yo seré siempre una florista,
porque él me trata siempre como a una florista:
pero yo sé que para usted puedo ser una señora,
porque usted siempre me ha tratado
y me seguirá tratando como a una señora»
(Eliza Doolittle, en *Pygmalión,* de G.B. Shaw)

Cuenta Ovidio en su *Metamorfosis* que Pygmalión, rey de Chipre, esculpió una estatua de mujer tan hermosa que se enamoró perdidamente de ella. Luego invocó a sus dioses, y éstos convirtieron la estatua en una bellísima mujer de carne y hueso, a la que Pygmalión llamó «Galatea», se casó con ella y fueron muy felices.

A este conocido mito cultural, escritores y pensadores de todo tipo, en especial psicólogos y pedagogos contemporáneos, le atribuyen el sentido siguiente: cuando nos relacionamos con una persona, le comunicamos las esperanzas que abrigamos acerca de ella, las cuales pueden convertirse en realidad. En términos algo más técnicos: las expectativas que una persona concibe sobre el comportamiento de otra pueden convertirse en una «profecía de cumplimiento inducido».

El «*efecto Pygmalión*» es, pues, un modelo de relaciones interpersonales según el cual las expectativas, positivas o negativas, de una persona influyen realmente en otra persona con la que aquélla se relaciona. Este modelo ha sido cuidadosamente estudiado y comprobado en el comportamiento de niños y jóvenes, tanto en el aula como en el hogar; y también en otros muchos grupos humanos, especialmente relacionados con el mundo de la empresa. La clave del efecto es la autoestima, pues las expectativas positivas o negativas del «pygmalión» emisor se comunican al receptor, el cual, si las acepta, puede y suele experimentar un refuerzo *positivo o negativo* de su autoconcepto o autoestima, que, a su vez, constituye una poderosa fuerza en el desarrollo de la persona.

La cita que encabeza este capítulo está tomada de una famosa obra de teatro de G.B. Shaw que, transformada en comedia musical, con el título de *My Fair Lady,* triunfó en la escena y en la pantalla. Cuenta la historia de Eliza, florista ambulante en Londres, de hablar tosco y modales poco refinados, a quien el profesor Higgins se empeñó (y lo logró) en enseñar a hablar y comportarse como una dama de la alta sociedad londinense. Lo importante de la historia es que Eliza llegó a sentirse una señora, no ya por los modales y el acento refinados que aprendió de Higgins, sino, sobre todo, porque se sentía realmente considerada y tratada como una señora por el coronel Pickering, amigo del profesor, y también por su enamorado Freddy.

El profesor Clemente Blanch, de Valencia, me hizo caer en la cuenta del paralelismo entre Eliza y Aldonza, moza casquivana de mesón castellano transformada en «Dulcinea» por las extravagantes expectativas del «Caballero de la Triste Figura» en *El Hombre de La Mancha,* exitosa versión musical del mito de *Don Quijote.* Desde que la conoció, Don Quijote vio en ella a «mi señora Dulcinea», y así la llamó y la trató en adelante. Ella, de momento, rechaza sorprendida ese tratamiento: «Yo he nacido en el barro... no hay más que mirarme para darse cuenta... Yo no soy Dulcinea, yo no soy ningún ser celestial; soy Aldonza, ramera de establo». Así era como la veían y la trataban los muleros que paraban en el mesón.

Pero al final del drama, cuando Don Quijote yace en su lecho de muerte, vuelve Aldonza, como en un sueño, y le dice: «Vuesa merced me habló una vez y me llamó por otro nombre, Dulcinea... y sonó dentro de mí la voz de un ángel... Devolvedme la ilusión de Dulcinea...» Aldonza comenzaba a sentirse Dulcinea. Don Quijote había sido su «pygmalión».

También en la vida real abundan los «pygmaliones». Al responsable de un grupo de «boy-scouts» le llevaron una chica bastante problemática. Se llamaba Loli y provenía del Tribunal de Menores; su madre era prostituta, y su padre alcohólico. Loli tenía la cara desfigurada por las palizas que su madre le había propinado. Se la presentaron de la siguiente manera: «Es una chica muy, muy violenta, incapaz de trabajar en grupo, rebelde por sistema a todo tipo de autoridad. Seguramente se peleará con todos. Pero tú, tranquilo: mano dura y paciencia».

El responsable, que tenía madera de «pygmalión», relata: «En cuanto la conocí, enseguida intuí que íbamos a tener una relación especial. Me sentía muy identificado con ella; su situación me había hecho verla con ojos de comprensión y de afecto; veía dentro de aquella Loli violenta a otra Loli capaz de amar y deseosa de ser amada. Ella también se dio cuenta: se sentía mirada de forma especial, como nunca la habían mirado; el tono de voz con que me dirigía a ella le sonaba a gloria; no eran gritos ni amenazas, sino palabras afectuosas y llenas de comprensión. Además, yo no escatimaba mis muestras de cariño, aunque también la exigía como a todos los demás. Y así, casi sin darnos cuenta, su actitud fue cambiando, se fue suavizando... Cuando se dirigía a mí, su famosa agresividad no aparecía por ningún lado; y también hizo grandes progresos en el grupo...»

Podríamos aducir múltiples ejemplos sacados de la vida real. El autor tiene una larga lista de personas que han ejercido de «pygmaliones positivos» en su ya dilatada vida, entre los cuales quiere destacar a Anthony de Mello, a quien está dedicado este libro. Tony, como tan acertadamente se dijo con ocasión de su prematura muerte, «descubría en nosotros posibilidades y recursos de los que apenas éramos conscientes. Su fe en nosotros era tanto más fiable cuanto que él era una persona de extraordinaria perspicacia. Por eso aprendíamos a creer en nosotros: porque él creía en nosotros». Retrato perfecto del «pygmalión positivo».

Por cierto que Tony, conocedor del «efecto Pygmalión», contaba de vez en cuando esta historia:

«Un hombre encontró un huevo de águila. Se lo llevó y lo colocó en el nido de una gallina de corral. El aguilucho fue incubado y creció con la nidada de pollos.

Durante toda su vida, el águila hizo lo mismo que hacían los pollos, pensando que era un pollo. Escarbaba la tierra en busca de lombrices e insectos, piando y cacareando. Incluso sacudía las alas y volaba unos metros por el aire, al igual que los pollos. Después de todo, ¿no es así como vuelan los pollos?

Pasaron los años, y el águila se hizo vieja. Un día divisó muy por encima de ella, en el límpido cielo, una magnífica ave que flotaba elegante y majestuosamente por entre las corrientes de aire, moviendo apenas sus poderosas alas doradas.

La vieja águila miraba asombrada hacia arriba. '¿Qué es eso?', preguntó a una gallina que estaba junto a ella.

'Es el águila, el rey de las aves', respondió la gallina; 'pero no pienses en ello. Tú y yo somos diferentes de él'.

De manera que el águila no volvió a pensar en ello. Y murió creyendo que era una gallina de corral».

Invitamos al lector a hacer una pausa y a preguntarse si ha conocido «pygmaliones», positivos o negativos, a lo largo de su vida. Es probable que del fondo de su memoria surjan ciertos nombres, ciertos rostros... Haga un recuento por escrito de aquellas personas que hayan ejercido de «pygmaliones positivos» en su vida. Recuerde con detalle los momentos y los modos en que ejercieron su función, y deles las gracias. Recuerde también aquellas ocasiones en las que él mismo haya ejercido de «pygmalión positivo» para con otras personas, y saboree la satisfacción de haberlo hecho.

Ser *«pygmalión positivo»* NO consiste en abrumar a la otra persona con fabulosas e ilusorias expectativas que puedan hacerle creer, equivocada y peligrosamente, que es el ombligo del mundo, ni tampoco en proponerle metas que no estén realmente a su alcance, creándole tensiones destructivas que pueden empujarle a la ruina. NO consiste en *imponer,* sino en *acompañar.*

Ser *«pygmalión positivo»* CONSISTE en una actitud de cálido aprecio e interés por la otra persona, por *su* bien, por *su* felicidad, por *su* desarrollo... Una actitud que le hace permanecer alerta a cualquier signo de bondad, de capacidad, de talento, y que incluso le permite descubrir y adivinar los valores latentes en la otra persona. Una actitud que inspira palabras, gestos y acciones que ayuden al otro a descubrir y utilizar sus propios recursos, a descubrirse a sí mismo y a seguir su camino. Y todo ello con paciencia y benevolencia, con rigor y disciplina, dando libertad, alentando y animando, confirmando y apoyando... y, cuando parezca oportuno y provechoso, corrigiendo y sancionando.

Este esbozo de «pygmalión positivo» es, por supuesto, un ideal generalmente inalcanzable en su plenitud, pero es útil tenerlo en cuenta como horizonte en nuestros esfuerzos por ejercer de «pygmaliones positivos».

«Si tomamos a los hombres tal y como son,
los haremos peores de lo que son.
Pero, si los tratamos como si fueran lo que deberían ser,
los llevaremos adonde tienen que ser llevados»
(J.W. von Goethe)

La autoestima en el aula

«No podemos no comunicar»
(P. Watzlawick)

Quique, un mediocre e indolente estudiante de BUP, fue sometido, junto con sus compañeros de clase, a un test de inteligencia. Cuando el ordenador iba a procesar su test, un ratón ocasionó en el aparato una avería que pasó inadvertida, y el coeficiente de Quique resultó inesperadamente alto. Cuando se enteraron sus profesores, empezaron a mirar a Quique con otros ojos y a tratarlo como a un muchacho con grandes posibilidades. En respuesta al nuevo tratamiento, Quique comenzó a creer en sí mismo y en su capacidad intelectual, descubrió recursos propios que antes desconocía (en otras palabras, se afianzó su autoestima) y acabó brillantemente sus estudios. No puedo asegurar que la historia sea rigurosamente cierta, pero me atrevo a afirmar que, si un ratón es capaz de causar esa avería, el resto es perfectamente plausible.

Allá por el año 1964, Rosenthal, profesor de la Universidad de Harvard, decidió comprobar el «efecto Pygmalión» en el caso de estudiantes desaventajados en una escuela, *Oak School,* de una pequeña ciudad de California. Se planteó la siguiente cuestión: las expectativas favorables del educador ¿inducen, por sí mismas, un aumento significativo en el rendimiento escolar de sus alumnos?

A todos los alumnos de la escuela se les hizo un test de inteligencia. A los profesores se les dijo que aquel test era capaz de identificar, con gran fiabilidad, a los alumnos que en el curso de los próximos meses destacarían claramente sobre el resto de la clase; y, una vez procesado el test, se les dio una lista con los nombres de tales alumnos «especiales». Lo que no se dijo entonces a los profesores, pues de lo contrario no habría sido posible el experimento, fue que la lista había sido hecha al azar, sin referencia alguna al test.

Seis meses más tarde, volvió a hacerse el mismo test a los alumnos, y también al cabo de un año y al cabo de dos años. Rosenthal midió el incremento del coeficiente de inteligencia entre el primer test y los tests posteriores, y constató una ventaja estadísticamente significativa en los «especiales» con respecto a los demás: el 47% de los «especiales» ganaron 20 o más puntos en coeficiente de inteligencia, mientras que sólo el 19% del resto ganaron 20 o más puntos. Resultados que Rosenthal y sus colaboradores interpretaron como comprobación inicial muy alentadora del «efecto Pygmalión» en el aula.

Desde 1964 se han realizado centenares de investigaciones sobre la influencia de las expectativas de los educadores tanto en el rendimiento como en la conducta de sus alumnos, y el mismo Rosenthal ha hecho revisiones periódicas de sus resultados. Todo apunta a la conclusión de que las expectativas del docente constituyen uno de los factores más poderosos en el rendimiento escolar de sus alumnos. Así que, si un profesor espera buenos resultados de sus alumnos, el rendimiento de éstos se aproximará mucho más a su capacidad real que si los espera malos.

El profesor J. Burón, de la Universidad de Deusto (Bilbao), en su estudio sobre el tema, concluye que el «efecto Pygmalión» en el aula es uno de los datos más uniformemente confirmados en la psicopedagogía actual, y que, por tanto, una relación cordial entre profesor y alumno y una fe auténtica por parte del profesor en la posibilidad de que el alumno se supere, es difícil que, al menos a largo plazo, no propicien resultados positivos, aunque las técnicas educativas no sean las más sofisticadas. También advierte, con toda razón, que en este proceso la fe del educador en sus propios recursos desempeña un papel de suma importancia.

Resumimos a continuación las principales conclusiones que se han constatado del «efecto Pygmalión» en el aula:

1. Las expectativas positivas (y realistas) del educador influyen positivamente en el alumno; las negativas lo hacen negativamente. (Hablamos de «pygmalión positivo» en el primer caso, y de «pygmalión negativo» en el segundo). Tanto es así que los educadores más eficaces se suelen distinguir por su actitud de «pygmaliones positivos», y los menos eficaces por lo contrario.

Teófila, una educadora, nos contaba en un cursillo un caso real que ilustra la diferencia entre el «pygmalión negativo» y el «positivo». Celia era una niña de 11 años que cursaba dos asignaturas impartidas por Teófila, la cual vio un día cómo la tutora de Celia, fuera de sí, le echaba a ésta una tremenda bronca en mitad del pasillo: «¡Yo ya no espero nada de ti, estoy harta de tu comportamiento! ¡Sólo causas problemas en el grupo! ¡A partir de ahora, lo único que quiero es no oír hablar más de ti!» Y, para más «inri», la colocó en el fondo de la clase, a unos cuantos metros del resto de las compañeras. Aquella tutora, que comunicaba tan contundentemente sus bajísimas expectativas con respecto a la niña, ejercía de «pygmalión negativo», y es poco probable que de esa forma la ayudara a mejorar su conducta y su rendimiento escolar.

Sin embargo, Teófila, lejos de compartir la visión negativa de la tutora, vislumbraba en Celia más capacidad y talento del que hasta entonces había demostrado, y decidió prestarle especial atención en clase y demostrarle su cordialidad, sin permitir que se desmandase. Con su manera de tratarla —integrándola en el grupo, encomendándole pequeñas responsabilidades, etc.—, le comunicaba, verbal y no verbalmente, que ella, Celia, era lo que realmente le importaba, y que esperaba de ella bastante más de lo que había rendido hasta entonces. El resultado, al cabo de un cierto tiempo, fue un notable cambio en la actitud de Celia hacia las asignaturas y hacia el grupo.

2. Los alumnos tienden a realizar lo que sus «pygmaliones positivos» o «negativos» esperan de ellos; y cuanto más

jóvenes, más·susceptibles son a la influencia de sus «pyg-maliones» de uno u otro signo. Generalmente hablando —y es triste consignarlo—, las expectativas negativas parecen comunicarse más fácilmente que las positivas, y el comportamiento no-verbal del «pygmalión» es más influyente que el meramente verbal.

3. Las expectativas positivas y realistas del «pygmalión positivo» no funcionan por arte de magia, sino que potencian lo que ya está latente en el alumno, creando en el aula un clima más conducente al crecimiento y aprovechamiento de éste, suministrándole más información, respondiendo con más asiduidad e interés a sus esfuerzos, ofreciéndole más oportunidades para que le haga preguntas y le dé respuestas... El educador, con sus palabras y el modo y el momento de decirlas, con la expresión de su rostro, con sus gestos, con su contacto visual..., en suma, con su manera de considerar y de tratar al alumno, comunica a éste el concepto positivo que le merece su persona, despertando en él un mayor aprecio y confianza en sí mismo; una mayor autoestima, en suma, que le alienta y le motiva a rendir más y mejor.

4. Por último, la efectividad del «efecto Pygmalión» depende en gran medida de la autoestima del propio «pygmalión». Podríamos decir, en general, que el mejor «pygmalión positivo» de sí mismo es el mejor «pygmalión positivo» de sus alumnos. En otras palabras, el educador que posee una alta autoestima suele ser el más efectivo a la hora de inspirar en sus alumnos una autoestima elevada.

A la luz de estas conclusiones, la primera sugerencia que ofrecería a un educador interesado en la autoestima de sus alumnos sería que se esforzase por robustecer su propia autoestima como persona y como docente, pues los estudiosos de este tema están de acuerdo en que los educadores que poseen actitudes afirmativas hacia sí mismos, es decir, que se aceptan, se respetan, se aprecian, están mucho mejor preparados para infundir autoconceptos positivos en sus alumnos. Por tanto, le remitiría al programa para robustecer la autoestima descrito en este y en otros libros

En segundo lugar, le advertiría que la modificación de la autoestima del alumno es un proceso posible, gradual y lento, en algunos casos más que en otros; y que, por tanto, requiere mucha paciencia. La dinámica del «efecto Pygmalión», descrita someramente más arriba, no se puede aplicar mecánicamente: presupone que creemos en las posibilidades del alumno y apostamos por él, lo cual no siempre es fácil.

En tercer lugar, le instaría a tener muy en cuenta que, como hemos citado al comienzo de esta sección, *no podemos no comunicar* nuestras actitudes positivas o negativas hacia el alumno. Directa o indirectamente, con palabras o con gestos no-verbales (muchas veces más elocuentes que las meras palabras), con lo que hacemos o dejamos de hacer, consciente o inconscientemente, no podemos dejar de comunicar nuestra actitud hacia el alumno, el cual suele percibirla, aunque no siempre sea capaz de conceptualizarla. De ahí la importancia de que el educador tome conciencia, de vez en cuando, de su actitud hacia todos y cada uno de sus alumnos.

Un competente (y para mí muy fidedigno) profesor de un importante colegio me contaba, no hace mucho tiempo, el siguiente y revelador episodio: Leoncia, una profesora seria y motivada, comenzó el curso con una nueva clase en la que se encontraba Chema, un adolescente que en el curso anterior, y con otro profesor, había destacado tanto en aprovechamiento como en conducta. En su nueva clase, y con su nueva profesora, Chema comenzó a empeorar tanto en lo uno como en lo otro, lo cual, como es natural, preocupaba a Leoncia, que discutió la situación con un grupo de colegas. El psicólogo del colegio le propuso grabar un vídeo de su clase en acción, sin que se dieran cuenta los alumnos. Proyectaron el vídeo, y ninguno de los profesores asistentes advirtió nada significativo en las interacciones entre Leoncia y Chema.

El psicólogo decidió ver una vez más el vídeo, pero esta vez a «cámara lenta», y entonces notó que Leoncia fruncía el ceño cada vez que se dirigía a Chema. Se lo hizo saber a Leoncia, la cual confesó no ser consciente de ese gesto, y le preguntó cómo «le caía» Chema. Leoncia confesó sinceramente que, sin fundamento aparente, el chico le caía muy mal. El psicólogo le sugirió que ese fruncir el ceño reflejaba su actitud negativa hacia el muchacho, el cual la percibía sin darse apenas cuenta; este proceso de comunicación de rechazo del alumno por parte de la profesora explicaría, según el «efecto Pygmalión», la disminución del interés de Chema por sus estudios. Leoncia, sensatamente, dejó de fruncir el ceño y se esforzó en modificar su actitud hacia Chema, el cual, a su vez, comenzó a mejorar gradualmente.

Un investigador, después de muchas horas de observación y grabaciones, identificó hasta 17 tipos de conducta mediante la cual los profesores comunican, tal vez sin ser muy conscientes de lo que hacen, su actitud hacia los alumnos en los que tienen puestas pocas esperanzas y que, por tanto, interfieren negativamente en el aprendizaje de los demás. Por ejemplo, dan menos tiempo a esos alumnos para responder a las preguntas, o les dan ellos mismos las respuestas, o preguntan a otros alumnos; les critican más sus fallos y les alaban menos sus éxitos; les prestan menos atención, interactúan menos con ellos, se colocan a mayor distancia de ellos; les dan menos explicaciones, les responden de forma más breve y menos informativa, con expresión más adusta y con menor calor y contacto visual; se acercan a ellos de diferente forma; tienen relaciones menos amistosas con ellos y, ante la duda, optan por bajarles las puntuaciones.

Recuerdo claramente a un eminente profesor de mis años jóvenes que solía hacernos preguntas para probar nuestra comprensión del tema (que, por cierto, él exponía con suma claridad). Con su huesudo índice iba apuntando a cada uno de nosotros, en espera de la respuesta acertada. Pero, de vez en cuando, se saltaba a alguno, dando a entender de manera inequívoca que de él no esperaba nada. Una conducta muy poco pedagógica.

En resumen, se tiende a prestar menos atención a los alumnos de quienes se espera poco. Mientras que los alumnos de quienes se espera mucho suelen recibir de sus profesores manifestaciones más claras y variadas de estas expectativas: sus ideas son mejor recibidas y más cuidadosamente corregidas; reciben información más abundante y más comunicación no-verbal mediante el contacto visual, sonrisas, gestos de asentimiento, etc. Es natural que estos alumnos, al sentir que se confía en ellos, aprendan a confiar en sí mismos.

Conviene advertir que, afortunadamente, existen muchos educadores conscientes de este problema y que prestan especial atención a alumnos de quienes sus padres y la sociedad esperan muy poco... De esta manera, logran resultados sorprendentemente positivos.

Por último, recomendaría a los educadores que, siguiendo normas de reconocidos psicopedagogos como Purkey y Coopersmith, se esforzaran por crear en sus aulas un ambiente caracterizado por los siguientes factores:

a) RETO, es decir, proponer metas altas, pero alcanzables, para que el alumno pueda descubrir su capacidad de mayor rendimiento.

b) LIBERTAD de equivocarse, para que el alumno aprenda a tomar decisiones por su cuenta, sin miedo a que le rechacen o le humillen, y se sienta libre de amenazas y chantajes.

c) RESPETO visceral hacia la persona del alumno, porque, si le tratamos con verdadero respeto, su autorrespeto aumentará, y él aprenderá a respetar a los demás.

d) CORDIALIDAD, pues se ha demostrado que existe una correlación positiva entre la cordialidad del educador en el aula y la autoestima del alumno.

e) DISCIPLINA, porque se ha comprobado que los jóvenes educados en un entorno excesivamente permisivo suelen tener menos autoestima que los formados en un entorno razonablemente estructurado, firme, exigente y, a la vez, cordial. O sea, una disciplina que brote del interés cordial del educador por el alumno.

f) ÉXITO, es decir, un estilo educativo orientado más a promover y facilitar el éxito que a subrayar y corregir el fracaso, porque, generalmente, nos damos cuenta de nuestros recursos más a través del éxito que del fracaso. El elogio apropiado es más conducente al rendimiento escolar que la crítica y la corrección punitiva.

En resumen, se ha comprobado que la concurrencia en el aula de *reto, libertad, respeto, cordialidad, disciplina y éxito* contribuye poderosamente a desarrollar la autoestima del alumno y a propiciar su rendimiento escolar. Y, por el contrario, cuando falta alguno de estos factores, su autoestima se resiente.

En el curso de los últimos diez o doce años se ha publicado en España un buen número de libros sobre el tema de la autoestima en el aula, algunos de los cuales contienen valiosos ejercicios ideados para desarrollar la autoestima del alumno. Referimos al lector interesado a las *Referencias Bibliográficas* que completan este capítulo.

Concluimos con «La Habanera de la Autoestima», que se ha utilizado con cierto éxito en tutorías sobre autoestima para estudiantes de BUP. La letra es del autor, y la música la escribió Mª Cruz P. de Onraita, a quien estamos muy agradecidos.

«La vida de un niño es como un trozo de papel en el que todos los que pasan dejan una señal»
(Proverbio chino)

*
**

Habanera de la autoestima

Soy un te - soro, más precioso que el o - ro, más brillante que el sol. En todo el mundo no hay ninguno, nin - gu - no, i - gua - li - to que yo. Sé tantas co - sas, soy ca - paz y soy dig - no, digno, digno de tu a mor. Dios me lo ha dado todo, Dios me lo ha dado todo, aquí lo tienes to - do, a ti yo te lo doy. ti yo te lo doy; a ti yo te lo doy, a ti yo te lo doy.

REFERENCIAS BIBLIOGRÁFICAS

ALCÁNTARA, J.A., *Como educar la autoestima*, CEAC, Barcelona 1990.

ICCE, «Autoestima y Educación»: *Comunidad Educativa* 194 (Febrero 1992).

BONET, J.V., «Autoestima y Educación», en (CONED, SJ) *Personalidad y Humanismo*, Madrid 1990, pp. 55-78.

BURÓN, J., «El efecto Pygmalión, o la influencia de las expectativas de los profesores en los alumnos»: *Educadores* (Abril-Junio 1990) 271-291.

MACHARGO, J., *El Profesor y el autoconcepto de los alumnos*, Escuela Española, Madrid 1991.

VOLI, F., *La Autoestima del Profesor*, CIPA, Madrid s/f.

APÉNDICE
ESBOZO DE TUTORÍA SOBRE AUTOESTIMA
PARA ALUMNOS DE BUP Y COU

Objetivo:

Iniciar a los alumnos en la comprensión de la autoestima auténtica y en la vivencia de su propia autoestima.

Pasos:

1. *Ejercicio de visualización:*
«La silla vacía»

(Duración aproximada: 10 minutos de visualización y 10 de diálogo).

Sobre un fondo de suave música relajante y tranquilizadora (la de la «cassette» *Biomúsica* [San Pablo], por ejemplo), se invita a los alumnos a sentarse y tratar de relajarse manteniendo la espalda y el cuello erguidos para facilitar la respiración abdominal, respirando por la nariz, con los labios ligeramente juntos y los ojos cerrados, inspirando y espirando pausada y acompasadamente durante dos o tres minutos.

A continuación, se les invita a que —con el mayor detalle posible, en tres dimensiones y en color— cada cual visualice en la «pantalla» de su imaginación una silla vacía; luego ha de ver cómo entra en su campo de visión interior *una persona conocida y que le quiere bien,* que le aprecia, y cómo se sienta en la silla; hay que visualizar su rostro, su figura, su manera de vestir, su postura..., contemplarla durante unos momentos y preguntarse *qué siente cada cual en presencia de esa persona...,* hasta que llega el momento de despedirse cariñosamente de ella y ver cómo sale de su campo de visión.

La silla vuelve a estar vacía, y al cabo de unos breves momentos se visualiza a *otra persona conocida* que ocupa la silla; esa persona es el *otro yo* de cada cual, su réplica. Cada uno se visualiza a sí mismo con el mayor detalle posible (su rostro, su figura, sus facciones, su postura...) como en un espejo; se contempla uno a sí mismo de pies a cabeza y toma nota mentalmente de *lo que siente en presencia de su propia imagen...;* finalmente, se despide amistosamente de su propio yo, que sale del campo de visión interior.

La silla vacía va desapareciendo lentamente por el fondo de la «pantalla» imaginaria, y los alumnos, después de realizar pausadamente cuatro o cinco inspiraciones y espiraciones, abren los ojos, miran a su alrededor y regresan a la realidad de la sala.

Se inicia a continuación el *diálogo* entre alumnos y tutor, el cual puede preguntarles qué es lo que han sentido en presencia de la persona que les aprecia y en presencia de sí mismos. Debe hacerles caer en la cuenta de la capacidad que tiene el ser humano para desdoblarse en un «yo» conocido y un «yo» conocedor; capacidad de la que nace la autoestima.

2. *Presentación del significado e importancia de la autoestima* (Véase capítulo 1 del libro)

(Duración aproximada: 15 minutos).

3. *Ejercicio escrito*

(Duración. 10 minutos para contestar y 10 minutos para compartir y dialogar).

Se entrega a cada alumno una hoja con cinco puntos suficientemente espaciados para poder contestarlos por escrito. Dichos puntos pueden ser los siguientes (u otros parecidos):

a) Menciona los nombres de tres personas por las que te sientas valorado/a:

… … …
… … …
… … …

b) ¿Por qué crees que te valoran?

… … … … … … … … … … … … …
… … … … … … … … … … … … …
… … … … … … … … … … … … …

c) Menciona tres aspectos de ti mismo que te agraden:

… … …
… … …
… … …

d) ¿Cómo te sientes contigo mismo/a en este momento de tu vida: Muy Bien, Bien, Regular, Mal? Indícalo:

… … …

e) Menciona los nombres de tres personas a las que tú valores y aprecies, y por qué:

… … …

… … …

… … …

… … … … … … … … … … … … … …

… … … … … … … … … … … … … …

… … … … … … … … … … … … … …

Una vez que hayan acabado de responder todos estos puntos, se comparte y se dialoga.

4. *Canción* «Habanera de la autoestima»
(Véase música y letra en este mismo capítulo).

9
La autoestima de nuestros hijos

*«La autoestima es el factor que decide el éxito
o el fracaso de cada niño como ser humano»*
(D.C. Briggs)

Mónica, una niña de cinco años, percibe y siente el cariño
y el aprecio que sus padres y hermanos le manifiestan de
forma espontánea y constante. Se siente querida y valorada;
se siente «especial»... A su manera, se da cuenta de que
su existencia es una fuente de gozo para las personas de
su entorno familiar.

Al sentirse valorada, aprende gradualmente a percibir
su propia valía. En estas circunstancias, no es difícil para
Mónica desarrollar una autoestima positiva. Y así, Mónica
vive feliz e interesada por lo que la rodea; disfruta char-
lando, jugando y hasta haciendo sus deberes escolares, y
no siente demasiada necesidad de llamar la atención haciendo trastadas, aunque las haga de vez en cuando.

Tampoco le preocupan demasiado sus errores y equi-
vocaciones, pues sus padres le han enseñado que nadie es
perfecto y que todos nos equivocamos a menudo, y no la
quieren más cuando se comporta impecablemente que
cuando rompe un jarrón y arma jaleo, aunque la corrijan
como es debido.

A medida que va creciendo, si los que la quieren y son importantes para ella se abstienen de *exigir* que saque sobresalientes, que gane premios, que protagonice las funciones del colegio, que toque el piano sin un fallo o que baile sin un traspiés, ella se sentirá estimada y querida, no por las cosas más o menos notables que sea capaz de hacer, sino, sencillamente, por ser Mónica.

En el transcurso del tiempo, gane o pierda, destaque o sea del montón, mientras se sienta estimada y valorada incondicionalmente por sus personas significativas, Mónica aprenderá a amar al prójimo como a sí misma, por la sencilla razón de que ha aprendido a valorarse a sí misma, a disfrutar siendo ella misma y a sentirse en paz consigo misma. Esta actitud de sano amor a sí misma la libera para abrirse y darse generosamente a los demás.

El caso de Mónica es un ideal al que, por fortuna, se aproximan bastantes casos reales. Todos conocemos a niños parecidos a Mónica. Por desgracia, también sabemos de otros que, habiendo crecido en un entorno familiar en el que se sentían rechazados, agredidos y hasta odiados, se transforman en adolescentes difíciles y conflictivos, inseguros de sí mismos, fáciles víctimas de la droga, del alcohol y de la desesperanza.

*«Cada vez me impresiona más
el número de muchachos que encuentro en la vida
que se odian a sí mismos»*
(J.L. Martín Descalzo)

Un estudio realizado en Valencia en los años ochenta concluía que alrededor de 4.000 niños padecían depresión en la Comunidad Valenciana, y bastantes de ellos habían pensado en suicidarse. Según dicho estudio, «los síntomas más relevantes relacionados con la depresión infantil son la tristeza, la falta de afecto que acusa el niño, los sentimientos de soledad y de culpabilidad, la conducta agresiva, la *baja autoestima* y la pérdida del apetito». La autoestima positiva cultivada desde la niñez es una eficaz profilaxis contra los devastadores efectos de la depresión. Y, por el contrario, la autoestima deficiente es el caldo de cultivo de dicha depresión.

Sin duda, todos los padres desean que sus hijos se valoren en lo que realmente valen, para que, pertrechados con una visión y una valoración positivas de sí mismos, sepan enfrentarse a los inevitables altibajos de la vida y lleguen a ser personas razonablemente seguras de sí mismas, felices, eficaces y solidarias. En suma, desean para sus hijos una autoestima fuerte y estable. Proponemos algunas orientaciones para que los padres puedan facilitar el desarrollo de la autoestima de sus hijos, advirtiendo de antemano que no hay recetas infalibles; pero, ciertamente, algo sí puede hacerse, y vale la pena intentarlo.

En primer lugar, es importante tener en cuenta que todos, querámoslo o no, tenemos una influencia, positiva o negativa, en aquellos con quienes convivimos, sobre todo en nuestros hijos, para quienes solemos ser figuras significativas por excelencia (recordemos el «efecto Pygmalión» del capítulo precedente). Los padres son para sus hijos *espejos psicológicos* a partir de los cuales ellos van construyendo su propia imagen. Desde que nace, el niño se mira en sus padres y va aprendiendo lo que vale por lo que *siente* que ellos le valoran.

> *«La imagen que tu hijo tiene de sí mismo*
> *es el resultado directo del tipo de estímulos*
> *que recibe de ti cotidianamente»*
> (W.W. Dyer)

*
**

Érase una vez —cuentan los Hermanos Grimm— una bellísima muchacha llamada Rupunzel, que, raptada por una bruja feísima, vivía prisionera en una torre en la que no había espejos y de la que no podía escapar. La bruja, que era su única compañía, le repetía una y otra vez: «Rupunzel, eres tan fea como yo», mientras la miraba fijamente con sus ojos legañosos, sus cabellos alborotados y su tez cetrina y arrugada. Cada vez que veía a la bruja, Rupunzel se decía: «¡Ah, si yo soy como esta bruja, no quiero salir de esta torre nunca jamás!». Y así, seguía viviendo en la torre, prisionera de su creencia en su propia fealdad.

Pero, un día en que estaba triste y aburrida, Rupunzel se asomó a un ventanuco y vio a un príncipe encantador cabalgando sobre un caballo blanco. El príncipe, a su vez, vio a la bella Rupunzel, se detuvo bajo la ventana y la miró sonriente. También ella le sonrió y, sin pensarlo dos veces, descolgó sus largas trenzas rubias por la ventana. El príncipe trepó por ellas, y de ese modo ambos pudieron verse cara a cara y mirarse a los ojos. Entonces Rupunzel se vio, por primera vez en su vida, reflejada en los ojos del príncipe como en un espejo, se dio cuenta de que era muy bella y se sintió libre. Saltó al suelo, subió a la grupa del caballo del príncipe, y la pareja se alejó a toda prisa de la torre y de la bruja. Y, como suele ocurrir en los cuentos, fueron felices el resto de sus vidas...

Las huellas de estos espejos de nuestra infancia son profundas y duraderas, tanto para bien como para mal. El testimonio de Franz Kafka en su conocida *Carta al Padre* es escalofriante: «Cuando emprendía algo que te desagradaba, y tú me amenazabas con un fracaso, mi respeto por tu opinión era tan grande que el fracaso era inevitable, aunque no hubiera de producirse hasta más tarde. Perdí toda confianza en mis propios actos»...

Los niños, pues, tienden visceralmente a creer lo que sus padres les dicen y a comportarse en conformidad con lo que éstos esperan de ellos. Si tú, padre o madre, crees de verdad que tu hijo es «más torpe que los demás» y que «no tiene iniciativa», le comunicarás, aun sin pretenderlo, estas expectativas negativas a través de tus gestos y de tus palabras. No te extrañe, pues, que el niño acabe comportándose torpe y desmañadamente.

> «Soy de la opinión de que, cuando se trata a alguien
> como si fuese idiota, es muy probable que, si no lo es,
> llegue pronto a serlo»
> (F. Savater)

*
**

Por el contrario, si eres una persona que confía en su hijo y estás convencido de que puede crecer y mejorar, tu «espejo» le infundirá confianza y seguridad en sí mismo, y el niño asimilará positivamente tu mensaje: «Puedes hacerlo... Verás cómo lo consigues»... Aprenderá, pues, a confiar en sus propios recursos y en sí mismo.

Mi pie izquierdo, commovedora y galardonada película basada en una historia real, es un ejemplo impresionante del poder transformador de la confianza inquebrantable de una madre en su hijo, que desde que nació sólo podía mover el pie izquierdo, debido a una parálisis cerebral.

Alentado y apoyado fundamentalmente por su madre, pero también por el resto de su familia, aquel niño, Christy Brown —que, por lo demás, era bastante inteligente—, aprendió a leer, escribir y pintar con suma destreza, hasta el punto de ver sus cuadros expuestos en una galería de arte y publicar varios libros, entre ellos la autobiografía en que se basa la película. También se enamoró, se casó y disfrutó varios años de feliz matrimonio hasta su temprana muerte.

Entre los factores que contribuyen decisivamente a la formación de la autoestima positiva o negativa del niño, el primero en el tiempo, y tal vez en importancia, es el *lenguaje corporal, no-verbal,* con que le «hablan» y se comunican con él quienes le rodean, cuando todavía él no puede entender las palabras. Es el lenguaje de las miradas, de las caricias, del tono de voz... y también de los silencios, las caras largas, las ausencias, los gritos, los golpes...

Cuando baña a Nacho, su madre concentra todos sus sentidos en el niño. Sus músculos están relajados, su tono de voz es suave y acariciador, y hay una luz bondadosa en sus ojos. La madre contempla con ternura los rollitos de grasa del bebé, los hoyuelos en los deditos de sus pies... Le encantan las reacciones del bebé cuando le echa agua sobre el vientre. Cuando él gorjea, ella le responde de la misma manera. Cuando él chapotea, ella se ríe y juega con él. No se pronuncian palabras, pero madre e hijo se están comunicando profundamente. Nacho capta, percibe, siente, a su manera, que su madre le adora, y así va experimentando la vivencia de ser valorado.

Por el contrario, la madre de Pedrito se concentra en la revista *Hola* mientras le da el biberón, que sostiene con cierta indolencia entre sus dedos. Si él rebulle, ella no se immuta; si él le agarra la blusa, ella le desprende los dedos sin dejar de leer. Pedrito y su madre no comparten la experiencia; no hay comunicación profunda entre los dos. Lo cual es triste, porque, en esta etapa de su vida, la madre es todo su mundo para Pedrito, y esta experiencia le «dice» que no merece atención. Tempranas experiencias de este tipo pueden afectar negativamente a la autoestima del niño.

Según nos informan publicaciones dignas de crédito, en un estudio realizado hace pocos años en Inglaterra se llegó a la conclusión de que los recién nacidos que son abrazados por sus madres durante veinte o más minutos immediatamente después del parto, lloran menos y duermen y comen mejor, por lo que su desarrollo físico y psíquico suele ser más satisfactorio. También se nos informa de que, en un hospital norteamericano, niños nacidos prematuramente crecían y engordaban tanto más rápidamente cuanto más se les acariciaba. Y se está popularizando la práctica de que los padres que esperan un bebé le comuniquen a éste su afecto mediante caricias sobre el vientre de la madre. Son ejemplos concretos de la importancia de la comunicación no- verbal.

«¿Ha abrazado hoy *a su hijo?»*
(S. Johnson)

Otro factor importante en el desarrollo de la autoestima infantil es la *propia experiencia* del niño. Se trata de que el niño vaya descubriendo y «conquistando», con su propio esfuerzo y en la medida de sus posibilidades, el mundo que le rodea. Conviene, pues, no hacer por él lo que él mismo ya es capaz de hacer. Conviene, en suma, enseñarle a valerse por sí mismo, para que vaya tomando conciencia de sus recursos y aprenda a valorarse.

«El niño valora su propia personalidad
al caer en la cuenta de que puede ser independiente
y realizar ciertas cosas por su propio esfuerzo»
(M. Montessori)

Desde su experiencia de madre y de psicóloga, Dorothy C. Briggs, a quien citábamos al comienzo de este capítulo, dice —con estas o parecidas palabras— a las madres «ansiosas» por ayudar a sus hijos: «Cuando, para terminar pronto, le vistes para ir a la escuela; cuando insistes en que no juegue en casa, porque puede romper los cristales, ni baje tampoco a la calle, a causa del frío o del tráfico o de las malas compañías; cuando le programas cada momento de su horario para que saque mayor provecho del tiempo; cuando no puede escoger a sus amigos sin contar contigo, ni existe deporte que no sea peligroso... estás equivocando el camino».

Los padres que desean que sus hijos aprendan a descubrir sus propios recursos y confiar en sí mismos, conviene que se pregunten a menudo: ¿Qué puede hacer ya él o ella sin mi ayuda?; y deben animarles a que lo hagan y, en lugar de prohibiciones, ofrecerles oportunidades para que actúen por cuenta propia.

La *palabra* es un tercer factor que influye poderosamente en la autoestima de nuestros hijos. No basta con quererles y estar satisfechos con ellos; hay que *decírselo* claramente, para que ellos se sientan realmente queridos y apreciados. Las palabras son armas de dos filos: pueden reforzar o debilitar la autoestima del niño, según sean el contenido, el tono de voz y el gesto que las acompañen.

«*Píllele usted haciendo algo bien... y ¡hágaselo saber!*»
(S. Johnson)

*
**

La corrección (y las sanciones apropiadas) forma parte normal y saludable de la educación de los hijos. Pero, para que sea constructiva y duradera, en lugar de destructiva y efímera, conviene aprender a corregir comportamientos concretos sin descalificar globalmente a la persona del niño. Gritarle: «¡Eres un inútil y un gandul!», o decirle firme y serenamente: «Si sigues con estas malas notas, no pasarás el curso; no te has esforzado....; así que este fin de semana te vas a quedar en casa a estudiar», son dos formas diferentes de abordar una misma realidad; la primera suele ser destructiva, y la segunda constructiva.

El autor recomendaría a los padres que jamás utilizaran epítetos denigratorios o descalificadores de la persona cuando se dirijan a sus hijos. El niño pequeño, cuyos padres son para él «dioses omniscientes», incorpora fácilmente a su autoimagen las descalificaciones personales que esos «dioses» fulminan, y tiende a percibirse, sentirse y comportarse según esa imagen deformada. La descalificación personal fomenta el sentimiento de culpa, que constituye el núcleo de una baja autoestima... y de muchos desórdenes psíquicos.

En la relación padres-hijos, por consiguiente, deberíamos utilizar con sumo cuidado la represión, desterrar las descalificaciones e incrementar, sin excesivo temor a propasarse, las «caricias verbales», las palabras amables, laudatorias y alentadoras. El niño necesita sentirse inequívocamente reconocido, alentado y apreciado en sus esfuerzos, si realmente deseamos su bienestar. Basta con que recordemos nuestra propia infancia...

Quede claro que no defendemos aquí el comportamiento de ciertos padres que abruman al hijo con alabanzas desmesuradas e infundadas, que pueden hacerle creer que es un ser superior y propiciar una dependencia morbosa de la aprobación de los demás. Esa hipervaloración y esa dependencia le dejan indefenso ante la crítica y la desaprobación que, tarde o temprano, encontrarán fuera del ámbito familiar.

Y, por encima de todo, tratemos de mantener la *coherencia* entre nuestras palabras y los gestos no-verbales que las acompañan; entre nuestras recomendaciones verbales y nuestros comportamientos reales. «Estudia, hijo mío, estudia —le repite sentenciosamente el padre al hijo remolón—, que el saber no ocupa lugar»...; pero en aquella casa no se leen más «libros» que *Hola, Marca* e *Interviú*. Los hijos captan muy rápidamente este tipo de incoherencias en sus padres, que suelen impactarles negativamente. Cuenta Dorothy C. Briggs el caso de una señora que estaba ocupadísima limpiando la casa, cuando llegó su hijita del colegio y le enseñó uno de sus dibujos: «¡Mamá, mamá —le decía la niña, excitadísima—, mira que dibujo tan bonito he hecho!» La madre, que quería mucho a su hija, le dio un beso y le respondió: «Maravilloso, cariño». Acto seguido, agarró el papel y, sin apenas darse cuenta, lo partió en pedazos y lo echó a la basura. La niña rompió a llorar.

«*Los niños comienzan amando a sus padres;*
a medida que van creciendo, los juzgan;
a veces los perdonan»
(O. Wilde)

*
**

En resumen:

1. No basta con querer a nuestros hijos; es necesario que ellos se sientan queridos y valorados. Hay, pues, que expresárselo, verbal y no-verbalmente, con claridad meridiana. Si hacen algo bien, hay que reconocérselo y animarles. Si hacen algo mal, también hay que decírselo (pues la mentira es enemiga de una autoimagen sanamente positiva), corrigiendo sus fallos serenamente y sin descalificar a su persona.

2. Debemos esperar de nuestros hijos lo mejor que puedan dar de sí; creer de veras en su capacidad para el bien y la verdad; proponerles metas elevadas, para que tengan que esforzarse, pero también accesibles a sus posibilidades reales —aunque tal vez latentes todavía—, para que no se desanimen; proporcionarles oportunidades de que, con sus talentos y habilidades, puedan experimentar el éxito...

No se trata, por supuesto, de abrumarles con expectativas ilusorias, ni de acuciarles con metas que no están realmente a su alcance. Éste sería el triste caso de Willie Loman y su hijo Biff en el drama de Arthur Miller *La muerte de un viajante,* obra maestra del teatro norteamericano del siglo XX, también llevada a la pantalla. Willie, viajante de comercio insatisfecho y mediocre, parece estar convencido de que su hijo Biff está llamado a ser lo que él no ha sido: «número uno» en el deporte, en el amor y en los negocios; y así lo proclama a los cuatro vientos, ciego a las obvias limitaciones del muchacho, a quien abruma con fantásticos e ilusorios proyectos. Al final, la realidad se impone, y todo acaba en tragedia, con el fracaso de Biff y el suicidio del viajante.

A la luz de las ideas y recomendaciones propuestas en este capítulo, es posible que algunos lectores, padres o madres de familia, se sientan algo culpables por no haber acertado siempre con las actitudes, gestos y palabras conducentes al desarrollo de la autoestima de sus hijos. Esperamos casi demasiado de los padres, que, al fin y al cabo, son seres humanos falibles, como todos los demás. Culpabilizarse es una pérdida de tiempo; vale más responsabilizarse e intentar mejorar nuestros gestos, palabras y actitudes. Lo cual es posible, porque contamos con nuestra buena voluntad e inteligencia.

También conviene tener en cuenta, como advierte la doctora Briggs, que los mensajes negativos de los padres no son irreparables, con tal de que sean puntuales, poco frecuentes y poco intensos, y con tal de que la habitual actitud interior hacia los hijos sea fundamentalmente positiva. Es decir, si los hijos perciben *preponderantemente* mensajes afirmativos de amor, de cariño, de aceptación, normalmente serán éstos los que más les impresionen e influyan a la larga. Lo importante, en lo que a los padres se refiere, es que se esfuercen por adoptar las actitudes apropiadas para fallar menos y acertar más.

Comparto la conclusión de S. Coopersmith, eminente psicopedagogo: «La autoestima de un niño no guarda relación directa con la posición económica de la familia, ni con la educación, ni con la ubicación sociogeográfica del domicilio familiar, ni con el hecho de que la madre esté siempre en el hogar… Lo que resulta significativo es la calidad de la relación existente entre el niño y los adultos que son importantes en su vida».

También comparto su opinión, sobradamente comprobada, de que la autoestima de los niños suele tener mucho que ver con el nivel de autoestima de los padres. Sea ésta, pues, nuestra recomendación final: que los padres se interesen seriamente por fortalecer su propia autoestima como personas y como padres.

> *«Lo importante*
> *no es lo que un padre piense de sus hijos,*
> *sino lo que éstos piensen de sí mismos»*
> (S. Johnson)

*
**

REFERENCIAS BIBLIOGRÁFICAS

BONET, J.V., «La autoestima de nuestros hijos»: *Mensajero* (Diciembre 1990).
BRIGGS, D.C., *El niño feliz,* Gedisa, México 1988.
BROWN, Ch., *Mi pie izquierdo,* Rialp, Madrid 1991.
DYER, W.W., *La felicidad de nuestros hijos,* Grijalbo, Barcelona 1986.
JOHNSON, S., *Cómo ser buen padre en un minuto,* Folio, Barcelona 1985.

10
¿Es narcisismo la autoestima?

«Si te amas a ti mismo,
amas a todos los demás como a ti mismo»
(Maestro Eckhart)

En la sociedad española de hoy existen indicios preocupantes de individualismo insolidario, de hedonismo descontrolado...; en una palabra, de *narcisismo,* en la acepción popular del término, y no sólo entre la juventud desocupada, sino también entre la madurez superocupada. Se ha dicho que en ese «malestar de la modernidad» que, más o menos acertadamente, llamamos «postmodernidad», Prometeo está en declive, y Narciso en alza. No es de extrañar que esta situación se vea reflejada críticamente en un buen número de libros y artículos recientes.

Como a veces se expresa el temor de que la autoestima pueda degenerar en narcisismo insolidario, exploraremos en este capítulo final la diferencia entre la autoestima auténtica y el narcisismo, la pertinencia de aquélla para la solidaridad, y su compatibilidad con los valores del evangelio de Jesús, que tanto insiste en la necesidad de la negación de sí mismo para entrar en el reino de Dios.

Ya en 1956, en su clásico ensayo sobre el amor, Erich Fromm se planteaba, para después refutarla, la muy extendida creencia de que amar a los demás es virtud, y amarse a sí mismo es vicio. Creencia que Fromm atribuye a Calvino, por un lado, y a Freud, por otro, aunque por distintas razones y en diferentes sentidos.

Fromm responde que, «si es virtud amar a mi prójimo porque es un ser humano, también deber ser virtud —y no vicio— amarme a mí mismo, puesto que también yo soy un ser humano». Y confirma su respuesta con una cita bíblica: *Ama al prójimo como a ti mismo*. Más adelante, basándose en su concepción del amor como capacidad de solicitud, respeto, responsabilidad y conocimiento, extensible a todo ser humano, concluye contundentemente: «aquel que *solamente* puede amar a otros es, sencillamente, incapaz de amar».

También el gran Pascal afirmó: «El yo es odioso». Afirmación, por cierto, que se ha inculcado de manera más o menos explícita a generaciones de devotos creyentes, y a la cual Laín Entralgo, creyente inteligente, responde con sensatez: «¿Cómo va a ser odioso el yo de quien sin jactancia ni vanagloria se pregunta seriamente por lo que ha hecho y por lo que puede hacer?»

El narcisista, como el Narciso del mito, está tan prendido y prendado de sí que los demás apenas cuentan como personas merecedoras de su estima, de su solicitud, de su respeto. O cuentan, a lo más, como espejos donde ver reflejada y admirada su propia «belleza», o como objetos a su servicio. En consecuencia, depende neuróticamente de su entorno, del «qué dirán», del impacto de su imagen, del éxito de sus empresas...

El narcisista busca su autorrealización, pero se detiene en la periferia de sí mismo, en el gesto, en el estilo, en la imagen que proyecta al exterior, pues le resulta demasiado incómodo bucear en su interior, por miedo a lo que pueda descubrir. El narcisista, «siempre escaso de autoestima —comenta López-Yarto—, desde su vacío interior vuelve la vista a su exterior y busca puntos de referencia. Son otros los que le van a decir quién es y quién no es como persona».

El narcisista busca la gratificación instantánea aquí y ahora, y rehúye, por arduo y penoso, el compromiso vinculante a largo plazo con personas y con causas. Sus lealtades a lo que no sea su propio interés son frágiles. Como no parece haberse percatado de que también él es miembro interdependiente de la familia humana, apenas le preocupan los problemas y aflicciones de los demás y, en especial, las tragedias colectivas que no le afectan directamente.

Por otro lado, la persona que se autoestima de veras no teme ahondar en su interior y acepta serenamente lo que allí descubre, por desagradable que le resulte. Desde un sistema de valores personalmente asumido que reconoce la dignidad fundamental de *toda* persona, incluida ella misma, y desde la seguridad que le otorga su autoafirmación, se abre generosamente a los demás como personas merecedoras de todo su respeto y estima. Se siente lo que realmente es: parte integrante y corresponsable de la familia humana. Una actitud muy diferente de la del narcisista, cuyo egoísmo no se debe a que se ame demasiado, sino a que se ama demasiado poco, pues el objeto de su amor propio es un yo superficial e incompleto. El ser humano es esencialmente relacional. Yo soy *yo-en-relación-con-los-demás*.

*
**

«Lo que amo en mí es lo que soy,
y lo que soy no sería (no sería yo humano)
sin la circunstancia social que me reconoce e immortaliza»
(F. Savater)

Por «solidaridad» entendemos la capacidad de sentir y expresar amor (es decir, solicitud, respeto y corresponsabilidad) a otros seres humanos, y no sólo a los que se hallan próximos a nosotros por vínculos de sangre, raza, clase, etc., sino también, en mayor o menor grado, a los que no comparten esa proximidad ni esos vínculos.

La autoestima auténtica es, no sólo un requisito básico para el desarrollo personal, sino también, y por ello mismo, un prerrequisito psicológico para el amor al otro que posibilita el salto del narcisismo al altruismo y la solidaridad. Para establecer relaciones ricas y liberadoras con otras personas, para dedicarse al servicio de los demás con generosidad y en libertad, se requiere un cierto nivel de autoestima. De lo contrario, el amor al prójimo, por un afán más o menos consciente de satisfacer nuestras propias necesidades insatisfechas, fácilmente degenera en manipulación de dicho prójimo. Es bien conocido el altruismo neurótico de ciertas personas que «no quieren nada para sí, que viven sólo para los demás».

La persona que se desestima, y especialmente la que se odia (que también las hay, desgraciadamente), está incapacitada para comprometerse con los demás en libertad, en profundidad y con gozo. ¿Qué sentido tiene darse a los demás si no se valora lo que se da?

«El amor a los demás y el amor a nosotros mismos
no son alternativas en oposición.
Todo lo contrario: una actitud de amor a sí mismo se encontrará
en todos aquellos que son capaces de amar a los demás»
(E. Fromm)

¿Cómo concuerda lo que hemos dicho en este libro con los valores evangélicos que los creyentes aceptamos como fundamentales? Una lectura apresurada del evangelio podría inducirnos a pensar que lo único importante es entregarse, dar la vida por los demás sin pensar en sí mismo, casi menospreciándose... Una lectura más reposada nos permitirá descubrir que las exhortaciones evangélicas (como, por ejemplo, humillarse para ser exaltados, morir para vivir, perderse para encontrarse, y otras por el estilo) son frecuentemente paradójicas.

Entre las paradojas evangélicas, la que viene al caso es la que, por un lado, nos exhorta con frecuencia a la abnegación de nosotros mismos («El que quiera venirse conmigo, *niéguese a sí mismo...*»: Mt 16,24) y, por otro, nos exhorta implícitamente a amarnos a nosotros mismos («Amarás al Señor tu Dios... y al prójimo *como a ti mismo*»: Lc 10,27). Cita, esta última, que, según interpretan hoy unánimemente teólogos y exegetas, nos propone los tres amores del discípulo de Jesús: DIOS, EL OTRO y UNO MISMO.

Desde una perspectiva psicológica sensata, conviene prestar especial atención al sano amor a uno mismo, pues los otros dos cojearían sin el apoyo de este amor básico. Estoy plenamente de acuerdo con J.B. Metz, destacado teólogo de las realidades humanas, cuando dice que *el sí a uno mismo* «se puede considerar como el imperativo categórico de la fe cristiana: ¡Aceptarás la humanidad que se te ha confiado!... ¡Te abrazarás a ti mismo!»

«Hay que amarse a sí mismo como a cualquier otro
pobre miembro del cuerpo místico de Cristo»
(G. Bernanos)

La aceptación amorosa de uno mismo, con todas sus luces y sus sombras, es un aspecto esencial, no sólo de la maduración personal, sino también del crecimiento espiritual del creyente, cuyo fundamento lo constituye la fe en el Dios de Jesús, que lo creó a su imagen y semejanza y dictaminó, como leemos en el Génesis, que era radicalmente bueno, pues Dios no puede crear basura; un Dios que, además, se nos ha revelado en el evangelio como Padre que nos ama incondicionalmente.

Me impresionaron las atinadas, sinceras y elocuentes palabras de un creyente, A. Monche, que asistió a un curso de autoestima y tuvo la gentileza de enviármelas por escrito: «Sólo desde un profundo amor a uno mismo, desde una verdadera autoestima, es posible llamar a Dios 'Padre', 'Abba'. Si uno no se ama a sí mismo, si no se acepta tal como es, si no reconoce sus propias cualidades, si no se alegra de sus propios logros, si no está agradecido por la vida que Dios le ha dado, si no recuerda con gratitud los momentos gozosos de su pasado..., no alcanzará a vivir la paternidad de Dios como algo real, importante, crucial, que cambia nuestras vidas por completo».

Pero, si es así, ¿por qué insisten tanto el evangelio y la espiritualidad cristiana en la negación de sí mismo para poder ser discípulo de Jesús? Tal como ha sido frecuentemente presentada, la negación de sí mismo, valor evangélico indudable, provoca rechazo, y no sin razón, pues parece predicar la exaltación del sufrimiento, la represión del cuerpo, la infravaloración de lo terreno y de lo temporal... Actitudes estas, por cierto, que no son originariamente evangélicas, sino adherencias estoicas o neoplatónicas.

La abnegación a que se nos exhorta ha de entenderse en su contexto evangélico global, es decir, en función del REINO de amor, justicia, paz y solidaridad universal que Jesús proclamó e inauguró. Esa negación es, en realidad, un sí al Reino, un sí al amor, un sí a la solidaridad universal, un sí que suele acarrear, para quien se lo toma en serio, persecuciones, penalidades, sufrimientos... e incluso la muerte, como ocurrió en el caso del Jesús histórico y como sigue ocurriendo en nuestros días.

La imagen de Jesús —arquetipo del cristiano— que emerge de las páginas del evangelio no es ciertamente la de una persona que se desestime, se infravalore o se considere inferior a nadie. Jesús aparece como un ser humano de cuerpo entero, consciente de su singularidad, de su privilegiada relación con Dios, de su autoridad innata. Un ser humano que reconoce sin remilgos lo que es y lo que significa; que en sus relaciones con los demás armoniza la cercanía con la autoridad; que sabe enfrentarse a sus enemigos y afrontar sus acusaciones con dignidad... Un ser humano, fuerte y compasivo a la vez, que vive intensamente motivado por su misión de proclamar e inaugurar el Reino, una sociedad nueva donde todos, sin excepción, sean tratados como lo que son: iguales en dignidad ante Dios y ante los hombres.

La abnegación evangélica no se refiere, ni puede referirse, a la persona humana en sí misma, que es preciosa a los ojos del Padre, sino a aquellas actitudes y comportamientos egoístas e insolidarios de la persona que impiden a ésta «entrar en el Reino» y llegar a ser más plenamente lo que está llamada a ser.

El «negarse a sí mismo» del evangelio bien podría traducirse como «amarse auténticamente a sí mismo», negando nuestro falso yo, nuestro no-yo, es decir, un yo aislado y ensimismado que no es nuestro yo completo y verdadero. Así lo dice Andrés Torres Queiruga, destacado teólogo español contemporáneo. Y continúa: «La visión cristiana, al mostrarnos a nosotros mismos como un don del amor... muestra la gloria y la bondad radical... con que debemos mirarnos, cuidarnos y amarnos... Somos fruto del amor y estamos amasados de amor, destinados a amarnos y a amar profundamente, a estimarnos como algo —digámoslo— precioso; alguien por quien mereció ser creado un mundo y 'por quien Cristo dio la vida'. (...) Amarse profundamente es identificarse con el amor infinito que Dios nos tiene; y, lejos de llevar al laxismo, resulta profundamente liberador, tanto hacia dentro, en la afirmación gozosa del propio ser, como hacia fuera, en el amor que —sin resentimiento y con gozo— se abre a los demás».

La tensión entre la autorrealización buscada directamente por sí misma y la autorrealización como resultado del amor a los demás, es uno de los retos que nos plantea nuestra sociedad. En círculos psicoterapeúticos contemporáneos, ante la inusitada frecuencia con que se enfrentan a personalidades con trastornos narcisistas, se ha formulado la cuestión de si, en el proceso hacia una verdadera maduración personal, no sería más oportuno dar prioridad a la relación con otras personas *antes* que a la relación con uno mismo. En mi opinión, conviene dar la misma importancia a ambas relaciones fundamentales del ser humano, estando como están íntima y recíprocamente vinculadas.

> *«Así pues, noble y justa es la persona que,*
> *amándose a sí misma,*
> *ama a todos los demás en la misma medida»*
> (Maestro Eckhart)

REFERENCIAS BIBLIOGRÁFICAS

Au, W., «Integrating Self-Esteem and Self-Denial in Christian Life»: *Human Development* 11/3 (Fall 1990) 22- 26.

Bonet, J.V., «Autoestima, Narcisismo y Solidaridad»: *Razón y Fe* 1.133 (marzo 1993) 289-298.

Fromm, E., *El arte de amar,* Paidós, Buenos Aires 1966.

López-Yarto, L., «Hombres con psicología de diosecillos»: *Sal Terrae* 80/2 (Febrero 1992) 91-101.

Martín-Holgado, J., «En el centro de la Burbuja. En torno al narcisismo»: *Sal Terrae* 77/11 (Noviembre 1989) 803-816.

Torres Queiruga, A., «Amar: fundamento y principio; vulnerabilidad y solidez»: *Sal Terrae* 81/4 (Abril 1993) 281-297.

Bibliografía en castellano sobre Autoestima

ALCÁNTARA, J.A., *Cómo educar la autoestima*, Ed. CEAC, Barcelona 1990.

ANDRÉS, M., *Puedo ser otro... y feliz*, Ed. Atenas, Madrid 1989.

BONET, J.V., «Autoestima y Educación», en (CONED, SJ) *Personalidad y humanismo*, Madrid 1990, pp. 55-78.

BRANDEN, N., *La psicología de la autoestima*, Ed. Paidós, Barcelona 1985.

— *Cómo mejorar su autoestima*, Ed. Paidós, Barcelona 1987.

— *El respeto hacia uno mismo*, Ed. Paidós, Barcelona 1990.

— *El poder de la autoestima*, Ed. Paidós, Barcelona 1992.

BRIGGS, D.C., *El niño feliz*, Ed. Gedisa, México 1988.

BURNS, R.B., *El autoconcepto*, Ed. EGA, Bilbao 1990.

BURÓN, J., «El 'Efecto Pigmalión', o la influencia de las expectativas de los profesores en los alumnos»: *Educadores* (Abril-Junio 1990) 271-291.

CLARK, A., CLEMES, H. y BEAN, R., *Cómo desarrollar la autoestima en los adolescentes*, Ed. Debate, Madrid 1993.

CLEMES, H. y BEAN, R., *Cómo desarrollar la autoestima en los niños*, Ed. Debate, Madrid 1993.

CRABTREE, T., *La confianza en uno mismo y la propia estimación*, Ed. Deusto, Bilbao 1989.

GIMENO, J., *Autoconcepto, sociabilidad y rendimiento escolar*, Ed. INCIE, Madrid 1976.

HAUCK, P.A., *Cómo ser el mejor amigo de uno mismo*, Ed. Deusto, Bilbao 1989.

ICCE, «Autoestima y educación», número monográfico de *Comunidad Educativa* 194 (Febrero 1992).

JOHNSON, S., *Cómo ser buen padre en un minuto*, Ed. Folio, Barcelona 1985.

JOHNSON, S. y C., *El profesor al minuto*, Ed. Grijalbo, Barcelona 1987.

L'ÉCUYER, R., *El concepto de sí mismo*, Ed. Oikos-Tau, Barcelona 1985.

LLANOS, E., *Ámate y sé feliz*, Ed. Mensajero, Bilbao 1987.

MACHARGO, J., *El profesor y el autoconcepto de los alumnos*, Ed. Escuela Española, Madrid 1991.

McKAY, M. (ed.), *Autoestima: evaluación y mejora*, Ed. Martínez-Roca, Barcelona 1991.

OÑATE, P., *El autoconcepto*, Ed. Narcea, Madrid 1989.

PALMER, P. y ALBERTI, M., *Autoestima. Un manual para adolescentes*, Ed. Promolibro, Valencia 1992.

RODRÍGUEZ, M. (ed.), *Autoestima: clave del éxito personal*, Ed. Manual Moderno, México 1988.

ROSENBERG, M., *La autoimagen del adolescente y la sociedad*, Ed. Paidós, Buenos Aires 1973.

ROSENTHAL, R. y JACOBSON, L., *Pygmalión en la escuela*, Ed. Marova, Madrid 1980.

VILLA, A. y otros (Univ. Deusto), *Autoconcepto y educación. Teoría y práctica pedagógica*, Gobierno Vasco, Vitoria 1992.

VILLA, A. y AUZMENDI, E., *Medición del autoconcepto en la edad infantil (5-6 años)*, Ed. Mensajero, Bilbao 1992.

VOLI, F., *La autoestima del profesor*, Ed. CIPA, Madrid s/f.

VOLI, F., *Autoestima para padres. Manual de reflexión y acción educativa*, Ed. San Pablo, Madrid 1994.

Colección «Proyecto»

Anthony D'Souza
MANUAL DEL LÍDER
3: El liderazgo efectivo

Silivino José Fritzen
RELACIONES HUMANASINTERPERSONALES
En la convivenciade grupos y comunidades

José Luis González García / Luis Ángel López Menéndez
SENTIRSE BIEN ESTÁEN TUS MANOS (2ª ed.)

John Powell
LAS ESTACIONES DEL CORAZÓN

Jean Monbourquette
RECONCILIARSE CON LAPROPIA SOMBRA
El lado oscuro de la persona (2ª ed.)

Karl Frielingsdorf
DE SOBREVIVIR A VIVIR
Hacia el descubrimiento de la identidad y de la fe

Denis Pelletier
EL ARCO IRIS INTERIOR
De la carencia a la plenitud

Lise Landevin Hogue
LA COMUNICACIÓN: UN ARTEQUE SE APRENDE

Carlos Gozález Vallés
ELOGIO DE LA VIDA DIARIA (2ª ed.)

Jean Monbourquette
A CADA CUAL SU MISIÓN
Descubrir el proyecto de vida

Carlos González Vallés
«YO SOY ASÍ...»
¿Es posible cambiar? (2ª ed.)

Gilberto Gillini / Mariateresa Zattoni
LA OTRA TRAMA
Para unas relaciones familiaresalternativas

Hans Jellouschek
EL AMOR Y SUS REGLAS DE JUEGO
Las crisis en la relación de pareja como oportunidad de crecimiento

Ramiro J. Alvarez
RECUPERAR EL ALMA
Hacía la psicología de los valores

Maria teresa Zattoni / Gilberto Gillini
LOS SENDEROS DE LA VIDA
El crecimiento de los hijos

Thomas D´Ansembourg
DEJA DE SER AMABLE:¡SE AUTÉNTICO!
Cómo estar con los demás sin dejar de ser uno mismo

Rita Gay
EL OFICIO DE CRECER
El desarrollo afectivo del niño de 6 a 11 años

Margarethe Schindler
¿YA OS HABÉIS BESADO HOY?
Las parejas necesitan rituales

Jean Monbourquette
DE LA AUTOESTIMA A LA ESTIMA DEL YO PROFUNDO
De la psicología a la espiritualidad

Rita Gay
NUESTROS ADOLESCENTES
Cuando educar parece imposible

Jean Monbourquette
Myrna Ladouceur
Isabelle D´Aspremont
**ESTRATEGIAS PARA DESARROLLAR LA AUTOESTIMA
Y LA ESTIMA DEL YO PRUFUNDO**

Wunibald Müller
CONFIA EN TU ALMA

EDITORIAL SAL TERRAE
Santander